CURIOSITÉS DE L'OPÉRA

PARIS. — IMP. DE LA SOC. ANON. DE PUBL. PÉRIOD. — P. MOUILLOT. — 37386

Le sieur Mantienne dans le rôle de La Haine (*Armide*, de Lully, 1686)

CURIOSITÉS
DE L'OPÉRA

PAR

THÉODORE DE LAJARTE

PARIS
CALMANN LÉVY, ÉDITEUR
ANCIENNE MAISON MICHEL LÉVY FRÈRES
3, RUE AUBER, 3

1883

A MONSIEUR CHARLES NUITTER

ARCHIVISTE DE L'OPÉRA

Mon cher ami,

Depuis 1873, époque à laquelle je suis venu travailler avec vous à l'œuvre nationale que vous avez entreprise (l'organisation et la réfection des archives et de la bibliothèque de l'Opéra), pas le moindre dissentiment n'a troublé nos amicales relations: nous nous sommes fortement liés dans une commune pensée.

Tout ce que contient ce recueil d'études relève de son titre; car si j'ai pu retrouver un fait oublié, si j'ai redressé une erreur commise par nos devanciers, je ne dois ma faible science qu'aux ARCHIVES DE L'OPÉRA. *Il est donc naturel que votre nom, qui les personnifie si bien, figure en tête de ce livre, d'autant plus que vous m'avez souvent aidé de vos bons avis; je vous offre ainsi un témoignage d'amitié, et j'acquitte en même temps une dette de reconnaissance.*

THÉODORE DE LAJARTE
BIBLIOTHÉCAIRE DE L'OPÉRA.

CURIOSITÉS DE L'OPÉRA

ÉTUDES MUSICALES ET HISTORIQUES

HISTOIRE DE LA BIBLIOTHÈQUE

ET DES

ARCHIVES DE L'OPÉRA

Paris possède de nombreuses bibliothèques, sources fécondes où viennent largement puiser tous les érudits, les lettrés et les artistes chercheurs : d'abord, la Bibliothèque Nationale, une des gloires de la France intellectuelle, dépôt célèbre où se sont entassés tous les trésors de la science, des arts et des lettres ; puis les Archives de France, si riches en documents précieux pour l'histoire de notre pays ; la bibliothèque Sainte-Geneviève, où les fameux manuscrits des Génovéfains sont si curieux à étudier ; ensuite la bibliothèque Mazarine et celle de l'Arsenal, qui renferment toutes deux des ouvrages d'une très grande valeur scientifique ou littéraire ; enfin, les bibliothèques spéciales : de la Ville, où l'histoire de Paris peut être feuilletée, siècle par siècle, à l'aide de monuments de tout genre et d'une valeur considérable ; de l'École des Beaux-Arts et du Conservatoire de Musique.

Mais, malgré tous ces excellents instruments de travail, il manquait encore un dépôt d'ouvrages concernant l'art lyrique, où l'on pût l'étudier dans son ensemble, tant sous le rapport de la scène qu'au point de vue musical ; examiner tout aussi bien les détails de l'histoire de l'Opéra que les procédés de l'ancienne instrumentation et les vieux dessins du costume et de la décoration, admirer enfin un glorieux passé pour préparer un avenir digne de nos devanciers.

Cette lacune est aujourd'hui comblée par l'ouverture au public de la bibliothèque et des archives de l'Opéra ; nous avons donc cru utile de faire connaître l'histoire de ces archives, où pourront travailler avec fruit les musiciens, artistes, amateurs, et les critiques, les dessinateurs de costumes et les peintres de décors.

L'ancienne Académie Royale de Musique n'a pas été toujours placée, comme aujourd'hui, sous l'étroite surveillance de l'État. Après Lully, dont la direction fut très brillante, tant par les succès artistiques que par les résultats financiers, le sort du théâtre fut souvent confié à des mains inhabiles qui le conduisirent à de fâcheuses destinées. L'Opéra fut en butte, pendant presque tout le siècle dernier, à tant de liquidations désastreuses, à tant d'incendies et de déprédations, que les causes les plus diverses ne lui ont pas manqué pour appauvrir ses archives. Aussi ne remontent-elles point, malheureusement, au delà de l'année 1735.

Le plus ancien inventaire que nous possédions, celui de 1748, constate qu'à cette époque même, il ne restait plus ni registres ni papiers antérieurs à l'année 1721.

Toutefois, même pour les premiers temps de l'histoire de l'Académie Royale de Musique, les archives ont pu être reconstituées en partie, à l'aide des documents officiels conservés dans les dépôts publics. Les Archives de France, la Bibliothèque Nationale en ont fourni un grand nombre; en outre, des copies ont été prises, heureusement, à la bibliothèque de la ville de Paris et aux archives de la Préfecture de police, avant leur destruction par la Commune de 1871.

Il est vraiment inconcevable que les archives de l'Opéra soient encore si riches! et, sans la brutale ignorance des hommes de la Révolution, qui détruisirent de nombreuses pièces comptables, sous l'absurde prétexte qu'elles rappelaient, par leurs emblèmes, « l'époque exécrée de la tyrannie », nous aurions de précieux documents pour reconstituer en entier toute l'histoire administrative du premier théâtre lyrique de France.

En revanche, par bonheur, la bibliothèque musicale a sur ses rayons tout le répertoire du théâtre, pièces et partitions, et cela depuis le premier ouvrage *Pomone* (1672) et quelquefois par double et triple exemplaire, avec de nombreuses parties d'orchestre, ayant servi à l'exécution du temps. L'Opéra est le seul théâtre, en Europe, qui possède de telles richesses artistiques.

Nous avons dit tout à l'heure qu'il existe un inventaire de 1748.

En 1749, la ville de Paris prend possession

de l'Opéra. C'est le prévôt des marchands qui en est l'administrateur. Grâce à cette heureuse mesure, la comptabilité s'assoit sur de solides bases et la gestion du directeur reçoit un contrôle sérieux.

C'est donc à partir de cette époque que commence, aux archives de l'Opéra, le défilé des registres de toute taille et de toute grosseur qui constatent le mouvement, malheureux ou prospère, des finances du théâtre.

Il n'existait pas d'archiviste en titre; du moins les états d'émargement ne le laissent pas supposer. C'était le secrétaire de l'administration qui souvent en remplissait l'emploi, et, souvent aussi, on ajoutait le titre d'archiviste au principal énoncé de ses fonctions.

Quand l'Académie Royale de Musique était installée au Palais-Royal, les pièces d'archives étaient reléguées dans un magasin, rue Saint-Nicaise.

Sous l'Empire et sous la Restauration, alors que l'Empereur, et le Roi après lui, eurent placé l'Opéra dans les attributions de leur maison, les archives commencèrent à être régulièrement tenues.

Sous Louis-Philippe, on eut l'étrange idée

de placer ce dépôt, sans ordre aucun, dans un local situé aux quatrièmes loges, au-dessus du foyer. Comme cette espèce de grenier s'ouvrait à tout venant et comme l'on n'en tenait aucun catalogue régulier, il s'en est suivi que les *vieux papiers* ont servi à toute sorte d'usages, même à constituer une collection d'autographes pour un administrateur de M. Véron.

En 1859, les archives étaient encore déposées en tas dans les magasins des quatrièmes loges. On se décida pourtant à les déménager et on les transporta dans une petite cuisine du rez-de-chaussée, qui donnait dans la cour de la rue Pinon, aujourd'hui rue Rossini. (Les cuisines, on le verra plus loin, jouent un très grand rôle dans l'histoire des archives et de la bibliothèque.)

C'est en passant devant cette cuisine, où tous ces papiers précieux seraient devenus bientôt la proie des souris et de la moisissure, que mon ami Charles Nuitter eut l'heureuse pensée de mettre en ordre les archives de l'Opéra.

Son offre obligeante fut parfaitement accueillie par Alphonse Royer, alors directeur de l'Opéra, et par son secrétaire général, M. Félix Martin. On installa, *dans la cuisine*, des rayons et des casiers. On donna au nouvel archiviste, pour le seconder, un employé, M. Bleynie, qui devint plus tard caissier du théâtre, et le travail de classement fut mis en train, après que l'inventaire eut été achevé.

En 1861, quand il fallut établir un programme pour les services du nouvel Opéra, M. Félix Martin n'oublia pas de stipuler qu'il y aurait un emplacement pour les archives et la bibliothèque. Charles Garnier, avec sa vive imagination et la nature même de son talent, qui grandit toute chose, se figura sans doute que les archives étaient considérables et que la bibliothèque contenait des milliers de volumes. Aussi consacra-t-il une immense galerie et une vaste rotonde à ce service important. Hélas! les archives étaient confinées dans la petite cuisine et il n'existait pas un livre dans la bibliothèque dramatique de l'Opéra. Les pièces du répertoire n'y étaient pas même rassemblées.

Mais bientôt tout change de face. Par un arrêté ministériel du 16 mai 1865, les archives de l'Opéra obtiennent une organisation complète, et, grâce aux attributions des ministères de l'instruction publique, de la marine, pour les relations de voyages, des archives de l'Empire et surtout du ministère de l'Empereur, tous les ouvrages qui pouvaient traiter des questions de théâtre ou de musique affluent en nombre assez considérable.

Le ministère d'État fit même pour la bibliothèque une acquisition des plus précieuses. Il acquit de Roqueplan le *Répertoire des opéras*, provenant de la collection de Soleinne. Aujourd'hui, la bibliothèque dramatique de l'Opéra se compose de plus de six mille volumes et brochures et de plus de soixante mille estampes et dessins, sans compter le recueil de tous les costumes, exécutés depuis l'an XII, d'après les indications des dessinateurs du théâtre.

Il est inutile d'insister sur l'intérêt des divers documents conservés aux archives de l'Opéra. Tous les ministres, depuis MM. de Maurepas et d'Argenson, y sont représentés par de nombreux autographes. Sous la Révolution, les arrêtés du Comité de salut public succèdent aux dépêches du ministre de la Maison du Roi.

Mois de Janvier
1750

ACADEMIE ROYALE DE MUSIQUE.

GRATIFICATION ANNUELLE.

M. Mlle Camargo 83. 6. 8

J'AI reçu de Monſieur de Neuville, Caiſſier de l'Academie Royale de Muſique, la ſomme de quatre vingt trois livres six sols huit pour le mois de Janvier dernier de ma gratification annuelle, dont Quittance.

A Paris, le Fevrier mil ſept cent cinquante

camargo

Plus tard, de l'an XI à 1807, les moindres autorisations de dépenses sont signées de la main du premier Consul, puis de l'Empereur, qui avait tenu à administrer directement — comme Louis XIV — son Académie de Musique.

Les dossiers du personnel, les dossiers relatifs à la mise en scène de chaque ouvrage représenté, sont remplis de la correspondance des auteurs, des artistes du chant et de la danse, et les noms les plus célèbres se lisent au bas de ces lettres, d'autant plus curieuses que presque toujours l'intérêt et l'amour-propre y sont en jeu.

La comptabilité n'offre pas des renseignements moins précieux pour l'histoire littéraire. Les registres des recettes présentent le tableau fidèle des destinées de chaque ouvrage ; on peut y suivre jour par jour le succès des œuvres de Rameau, de Gluck, de Piccinni, et plus tard de Spontini, de Rossini et de Meyerbeer.

Même en dehors de l'histoire littéraire, les archives de l'Opéra abondent en renseignements curieux que l'on ne s'attendrait pas à y trouver. Par exemple, sous l'ancien régime, toutes les locations de loges étaient faites par baux passés devant notaire. Cette nombreuse série d'actes authentiques donne les noms et les titres de toutes les familles qui eurent une loge à l'Opéra, de 1728 à 1789.

Les documents relatifs à l'industrie ne sont pas moins intéressants : c'est ainsi qu'on trouve, joints aux états de soumission des fournisseurs, les échantillons de soieries, de rubans, de toiles, de draps, etc., avec leurs séries de prix, qui constituent une sorte d'histoire des tissus, au commencement du siècle, avant l'introduction des machines et des nouveaux procédés.

Les archives de l'Opéra viennent de s'enrichir encore d'une importante collection : à la suite de la démolition de la salle Ventadour, il a été possible d'acquérir les archives de l'Opéra-Comique, qui y avaient été laissées depuis 1832, époque où ce théâtre cessa d'y donner des représentations. Ces archives, sauf quelques lacunes à l'origine, comprennent la série des registres et documents divers, depuis l'ouverture de la Comédie-Italienne à l'hôtel de Bourgogne, en 1716, jusqu'à l'année 1832.

La bibliothèque musicale de l'Opéra eut,

à peu de chose près, le sort des archives. On négligea complètement ces précieuses reliques d'un passé glorieux dans son temps, et que l'on a le tort funeste de trop oublier de nos jours.

Les partitions et les parties d'orchestre furent reléguées, avec les archives, dans le magasin de la rue Saint-Nicaise.

Citons, à propos de cette installation, une tirade spirituelle de Castil-Blaze :

« Dans un vestibule ouvert à tous les vents, quelquefois à la pluie, à six pouces de la rue, après avoir franchi le seuil de la porte cochère de ce magasin, on voyait à droite un tas de livres couverts de poussière et de toiles d'araignée : c'était la bibliothèque de la royale Académie ! — Négligence damnable, atroce vandalisme ! Cambert, Lulli, Campra, Destouches, Rameau, Gluck, etc., etc., sous une porte cochère ! ayant le dos ou le nez écorché toutes les fois qu'une charrette mal dirigée venait les racler, les insulter avec sa roue noircie de fange et de cambouis ! — dira-t-on. Je répondrai sur une autre gamme et m'écrierai : — Négligence favorable ! précieux vandalisme ! Si on avait logé cette collection sous les lambris du Palais-Royal, à côté du théâtre, elle aurait été deux fois attaquée, dévorée par l'incendie. — Vous voyez que le mépris, comme le malheur, peut être bon à quelque chose. La bibliothèque de l'Académie est maintenant placée à l'abri de l'intempérie des saisons, dans la *cuisine* souterraine de l'ancien hôtel Choiseul. »

Le plus ancien des chefs de copie dont nous voyons le nom relaté dans les états d'émargement est un certain Lallemand, mort en juin 1751, aux appointements de six cents livres ; — il appartenait déjà à l'Académie en l'année 1738, et remplissait les doubles fonctions de copiste et de bibliothécaire.

Durand lui succède au mois de juillet 1751, dans les mêmes emplois... ; mais on lui double ses appointements. Ce Durand est resté très longtemps à l'Opéra. Dans une étude qu'on lira plus loin, à propos des *transformations* de l'*Alcyone* de Marais, son nom reviendra souvent sous les yeux du lecteur.

Malheureusement pour sa mémoire, ce fut son successeur auquel échut la glorieuse mission de copier les parties de l'œuvre de Gluck. Ce successeur, dont le nom est resté célèbre à l'Opéra, s'appelait Lefebvre; son fils n'a quitté le bureau de copie qu'en 1829. Ce fut donc presque une dynastie. Le premier Lefebvre s'appelait: Jean-Baptiste-François-Augustin, né à Mareuille (Aisne) en 1738. Son entrée aux emplois de copiste et de bibliothécaire, avec quinze cents livres d'appointements, date du 1er avril 1774.

Entre Durand et Lefebvre, il y eut un intérimaire qui serait totalement inconnu sans les *états d'émargement;* il se nommait Marvereaux et ne resta que fort peu de temps au bureau de copie.

Le fils de J.-B.-F.-A. Lefebvre, dont Fétis parle dans sa *Biographie des Musiciens*, ne succède à son père qu'en 1814. Avant cette date, il avait écrit plusieurs partitions de ballet qui ont un certain mérite et comme valeur mélodique et comme intelligente instrumentation.

Il était élève de Gossec et, depuis 1794, il appartenait à l'orchestre du *Théâtre des Arts* en qualité d'alto. Ses prénoms étaient François-Charlemagne. Nous les relatons ici pour épargner aux musicologues de l'avenir une erreur très facile. En même temps que lui, l'orchestre de l'Opéra possédait un autre Lefebvre; mais cet homonyme était clarinettiste et avait nom Xavier.

Nous avons dit que François-Charlemagne Lefebvre avait succédé à son père en 1814; en 1820, il remit ses fonctions à son gendre Aimé-Ambroise-Simon Le Borne, dont j'ai eu l'honneur de suivre les cours de haute composition, au Conservatoire.

Après la mort de Le Borne, survenue en 1865, il y eut un partage de ses deux fonctions de bibliothécaire et de chef de la copie. M. Ernest Reyer eut le titre de bibliothécaire, qu'il possède encore, et Justin Cadeaux fut chargé de diriger le bureau de copie. En 1869, Saint-Mahieur, ancien sous-chef, le remplaça; jusqu'en 1878, époque à laquelle M. Wacquez, fils d'un artiste très estimable, ancien chef de copie du Théâtre-Lyrique, prit la direction de ce service, un des plus importants de l'Opéra.

Nous avons dit tout à l'heure que la bibliothèque dramatique n'existait nullement, avant que Charles Nuitter se fût occupé d'y rassembler des livres.

Naturellement la bibliothèque musicale a

toujours existé; seulement ce n'était pas à l'état de bibliothèque; c'était comme dépôt des partitions, parties de chœurs, d'orchestre et des rôles. A la fin du siècle dernier, elle n'avait encore que cette situation, plus que modeste.

Un fait prouvera les petites dimensions de la bibliothèque, à l'époque que je viens de citer.

Augustin Lefebvre avait son logement payé par l'Académie, en dehors de l'Opéra, à charge par lui de *garder à son domicile* toute la musique appartenant à l'administration : c'était une bonne précaution en cas d'incendie.

Le format des cahiers était petit, les ouvrages étaient fort courts; il s'ensuivait que la bibliothèque n'exigeait pas beaucoup de place. Maintenant, avec le développement du rôle de l'orchestre dans la musique dramatique et la longueur des partitions, on peut avancer, sans craindre d'être contredit, qu'un ouvrage de Meyerbeer tiendrait, sur les rayons d'une bibliothèque, la place de l'œuvre entier du vieux Rameau.

Du reste, ce n'est qu'à partir de la surintendance du premier préfet du palais, que l'on voit figurer sur les états les fonctions de bibliothécaire. Le premier des Lefebvre, à la fin de sa carrière, son fils et Le Borne ont été les premiers à porter ce titre, conjointement avec celui de chef du bureau de copie. Lallemand, Durand, Marvereaux et Augustin Lefebvre, alors même qu'il était chargé de garder la bibliothèque de l'Opéra, n'étaient désignés que sous le nom de « chefs de la copie » ou, plus simplement encore, « copistes de l'Académie ».

La bibliothèque ne prend un développement réel qu'à l'hôtel de la rue Drouot, lorsque Le Borne en a la conservation et la surveillance; mais la disposition et l'exiguïté du local qui contient le dépôt excluent toute admission du public dans ce musée lyrique. Les parties d'orchestre sont placées sur des rayons, dans l'ancienne cuisine de l'hôtel, nous l'avons dit; dans cette même salle voûtée, le bureau de copie est intallé, et, dans deux ou trois autres pièces, à côté de ce même bureau, les partitions sont rangées par ordre alphabétique.

Je revois encore l'honnête et excellent Le

Borne juché sur une haute chaise devant une espèce de table barbouillée de noir, rappelant assez le pupitre d'un régent de collège. C'était là qu'il corrigeait les copies de ses subordonnés et qu'il confectionnait les « conducteurs » à quatre ou cinq portées dont le chef d'orchestre se servait alors. Autour de cette petite table, quelques élèves favoris — je faisais partie de ce groupe de fidèles — venaient causer avec le maître de septième diminuée et de contrepoint, d'imitation à la seconde, de contre-sujets, de strette, et de « divertissements »!!! Ah! le bon temps de la jeunesse! Pouvais-je alors me figurer que, plus tard, j'aurais la mission de mettre en ordre tous ces paquets poudreux dont mon vieux maître était entouré?

Car, il faut bien le dire, il m'en a laissé tout le soin; mon vénéré professeur était bien plus musicien que bibliothécaire et surtout que musicologue. Comme la plupart de ses contemporains, le répertoire moderne avait toutes ses préférences scéniques; aussi n'attachait-il qu'une importance secondaire aux partitions qui « n'étaient point utiles au service de l'Opéra ».

Pour les études musicales, son opinion était bien différente ; aussi nous recommandait-il sans cesse de lire attentivement l'œuvre de Gluck, les auteurs italiens : Fioravanti, Cimarosa, Pergolèse, et surtout les ouvrages de Spontini, pour bien nous inspirer de sa manière, dans les récits de nos fameuses cantates de l'Institut.

De toutes ces causes, mauvaise installation et insouciance du bibliothécaire, un résultat a été obtenu : les ouvrages du répertoire courant étaient placés bien en vue, et les opéras de notre vieille école française, Lully, Rameau et Gluck, restaient enfouis sous une vénérable poussière, que jamais personne n'eut l'idée de soulever. Un simple registre relatait alphabétiquement les opéras ou ballets existant sur les rayons, avec trois simples mentions qui indiquaient : 1° le nom des auteurs ; 2° l'année de la première représentation ; 3° partition et parties séparées, ou partition sans parties. C'était fort peu d'indications, comme on peut en juger.

Parties d'orchestre et de chœurs, rôles, tout enfin était dans un état pitoyable, ficelé tant bien que mal avec des cordes prises dans tous les coins, rajustées, raccommodées. Pas d'enveloppes pour protéger les copies contre les outrages du temps... et des garçons de théâtre; une simple étiquette, noircie par un long usage, de toutes les dimensions possibles, n'ayant aucune adhérence avec le paquet, donnait approximativement le titre de l'ouvrage, et ces appellations étaient souvent fautives; j'en citerai plus loin quelques exemples.

Quand le gros de l'œuvre du nouvel Opéra fut à peu près clos et couvert, on songea à débarrasser « la bibliothèque de cet amas de vieille musique qui l'encombrait ».

De plus, l'administration désirait avoir la jouissance des deux ou trois pièces, au fond de la cour, à droite, où l'ancien répertoire était entassé, pour y placer le service de la Caisse. C'est grâce à cette combinaison tout administrative que, dans la nuit fatale du 29 octobre 1873, l'on n'eut à s'occuper que d'une faible partie du dépôt; la plus importante, au point de vue historique, était à l'abri depuis longtemps, dans les annexes de la salle nouvelle.

Lorsque l'incendie vint détruire la salle

« provisoire » qui, depuis l'année 1821, avait eu la gloire de nous donner tant de chefs-d'œuvre, notamment *Guillaume Tell* et *les Huguenots*, les pompiers furent très activement secondés par une légion de travailleurs volontaires, la plupart des fonctionnaires et artistes de l'Opéra, et tout le personnel de l'Hôtel des Ventes. Les pièces d'archives furent placées dans les voitures de la Compagnie des commissaires-priseurs; mais la musique, qui restait à la bibliothèque, fut portée à bras et déposée, pêle-mêle, dans la cour de la mairie de la rue Drouot.

Par une circonstance heureuse, le temps était sec; sans cela, les pertes très réparables que l'on a faites seraient devenues incalculables.

Du reste, sans une malencontreuse habitude que, jusqu'à présent, rien n'a pu supprimer, mais qui, je l'espère, cessera bientôt, la bibliothèque n'aurait presque pas été atteinte par le fléau; les garçons de théâtre, au lieu de rapporter au dépôt les parties d'orchestre, après la représentation, les déposaient tout simplement dans le foyer des musiciens. Aussi les quinze ouvrages suivants ont eu leurs parties brûlées : *l'Africaine*, *Coppelia*, *la Coupe du roi de Thulé*, *Don Juan*, *Faust*, *la Favorite*, *Freyschutz*, *Gretna-Green*, *Hamlet*, *les Huguenots*, *la Juive*, *le Prophète*, *le Trouvère*, *la Source*, le quatrième acte et deux tableaux de *Jeanne d'Arc*, alors en répétition. Les partitions de ces ouvrages étaient heureusement placées dans le cabinet du chef d'orchestre, ayant vue sur le passage de l'Opéra, qui autrefois, avant 1870, était le cabinet de M. Gevaërt ; l'incendie s'arrêta là et les partitions ont été sauvées. Quant aux parties d'orchestre, elles ont été recopiées, ou acquises gravées, sauf les parties de *la Coupe du roi de Thulé*, de *Gretna-Green* et du *Trouvère*.

Charles Garnier s'était occupé très sérieusement, avant l'incendie, du vaste local au cinquième étage qui devait contenir les archives et la bibliothèque. Au moment du sinistre, on avait déjà posé le magnifique meuble, en bois de chêne, qui décore la bibliothèque circulaire et la salle de travail ; les dessins de l'ensemble étaient faits, les ordres aux entrepreneurs étaient donnés pour achever l'ornementation des deux galeries. Après l'incendie, on dut s'occuper de terminer hâtivement la scène de la salle. La fin des travaux de menuiserie a été remise à des temps meilleurs, qui nous semblent être proches, maintenant que l'installation de la nouvelle bibliothèque, à côté du grand foyer, permettra de dégager de ces galeries le trop plein de parties d'orchestre, de vieux journaux et de papiers de tout genre qui les encombrent.

Le 29 octobre 1873, on transporta tout de suite au nouveau bâtiment les épaves du dépôt et des archives. Le bureau de copie fut provisoirement placé au premier étage. Comme dans la rue Drouot, on plaça sur des rayons *construits à la hâte* les ouvrages du répertoire moderne ; au cinquième étage, dans une pièce qui sert maintenant de bureau au chef de copie, on mit les vieilles partitions du siècle dernier ; les parties d'orchestre et les archives trouvèrent place dans la seconde galerie, sur des tablettes que des menuisiers établirent aussi provisoirement.

Une fois en possession de ce large espace, il était permis d'entrevoir le moment, aujourd'hui arrivé, où la bibliothèque de l'Opéra deviendrait assez importante pour être ouverte au public : il fallait donc inventorier ces richesses artistiques, les cataloguer, y mettre enfin un ordre matériel qui permît d'atteindre le but proposé.

Le ministère voulut bien me charger de ce travail, et, au mois de décembre 1873, je commençai mon inventaire, qui ne fut terminé qu'en 1876.

Il y avait un très grand nombre de paquets qui *n'avaient pas été ouverts*, depuis cent ans peut-être ; aussi, ai-je été heureux dans mes découvertes. *Vingt-neuf* ouvrages ne figuraient nullement sur le registre sommaire de Le Borne. Il a fallu leur donner et leur date et le nom de leurs auteurs. Des irrégularités fréquentes ont été constatées. Ainsi, *l'Idylle* figurait sur le registre sous le nom de *l'Idole*. C'est un divertissement joué vers l'année 1730 et composé de deux entrées de Lully : *l'Idylle sur la paix* et *l'Églogue de Versailles*, que l'imprimeur Ballard appelle *la Grotte de Versailles*. Quoi qu'en aient dit certains musicologues, *l'Idylle* et *l'Églogue* formaient deux entrées absolument distinctes.

Le cas de *la Fête de Mirza* fut plus étrange encore. Sur un paquet de parties d'orchestre, on avait écrit le titre de *la Belle Esclave*, titre qui m'était absolument inconnu. Après m'être assuré de l'époque probable où cet acte avait été représenté, par l'inspection de la copie, de la forme mélodique et de l'instrumentation, par la lecture des paroles et avec l'aide du répertoire des livrets et des ouvrages de Fétis et de Castil-Blaze, j'ai eu la chance de découvrir que cette *Belle Esclave* était tout simplement une petite comédie lyrique de Grétry, appelée *Émilie*, qui avait figuré comme divertissement dans *la Fête de Mirza*, ballet de Gardel !!!

De plus, j'ai dû chercher le nom des auteurs de vingt-sept ouvrages que le registre de Le Borne avait omis de faire connaître.

A l'heure actuelle, la bibliothèque musicale de l'Opéra possède six cents ouvrages représentés, opéras ou ballets, avec tous leurs accessoires qui se décomposent ainsi :

1° Partitions d'orchestre et de chœurs ; — conducteurs et répétiteurs de ballets	2,638
Parties d'orchestre	12,387
Rôles	5,481
Parties de chœurs	10,674
Total	31,180

Les auteurs de guillaume tell desirent que lorsque gesler et ses soldats gravissent le rocher au 4e acte ils chantent ces vers qui ont été supprimés : —

Suivons, suivons sa trace
qu'il ne trouve sa grace
que dans le coup mortel !

S. Aliviz[illegible]

[illegible]

2° Cinquante-huit cantates ou pièces politiques, n'ayant pas la forme dramatique.

3° Trois cantates de l'Institut ayant été représentées à l'Opéra.

4° Une centaine de morceaux détachés du répertoire, avec leurs parties séparées, leur partition ou un violon conducteur.

5° Soixante-quinze cahiers brochés ; — partitions d'orchestre d'airs de ballet de l'ancien répertoire ;

6° Mille quatre-vingt-quatorze airs de ballets détachés ; — parties d'orchestre séparées ; — peu de partitions ;

7° Trois cents partitions gravées, orchestre ou piano et chant. Ces ouvrages, en dehors du répertoire, forment une collection savante qui s'enrichit chaque année, grâce aux attributions du ministère et proviennent du Dépôt légal.

8° Vingt-cinq symphonies ; — partitions d'orchestre.

9° Cent et un concertos — partitions d'orchestre pour divers instruments.

10° Cent soixante morceaux de chant détachés ; — écoles française, italienne et allemande, partitions ou conducteurs ; — parties de chant, de chœurs et d'orchestre.

11° De même pour quatre ou cinq cents pièces de musique religieuse provenant des anciens concerts spirituels.

12° Vingt-huit mille romances et pièces politiques.

La plupart des partitions de la bibliothèque sont manuscrites. Celles qui sont imprimées ou gravées, ayant servi aux répétitions et aux représentations, offrent presque toutes des coupures indiquées et de nombreux changements manuscrits, souvent autographes, qui leur donnent un intérêt tout particulier.

Beaucoup d'opéras et tous les ballets, jusqu'en 1869, sont inédits. Près de cinquante partitions qui existent dans la bibliothèque n'ont jamais été exécutées, et, parmi les auteurs de ces ouvrages, dont des circonstances diverses empêchèrent la représentation, on trouve cependant des noms célèbres, tels que ceux de Sacchini, de Zingarelli, de Philidor, de Gossec, de Monsigny, de Berton, d'Halévy, etc.

La collection des parties d'orchestre présente aussi un grand intérêt pour l'étude des anciens ouvrages, dont les partitions sont rarement écrites d'une façon assez complète pour que l'on y retrouve toute l'instrumentation. Dans ce cas, les parties d'orchestre suppléent à ce qu'il peut y avoir de lacunes dans les partitions.

La bibliothèque de l'Opéra possède en outre une collection de morceaux *autographes*, dont nous n'avons pas à faire valoir l'importance :

RAMEAU. — Trois partitions : — *la Naissance d'Osiris*, *le Retour d'Astrée*, *Daphnis et Eglé*.

GLUCK. — Deux actes d'*Armide* (le premier et le quatrième), des fragments d'*Orphée* et une ouverture.

MEYERBEER. — De nombreux fragments inédits des *Huguenots*, de *Robert le Diable* ; d'autres fragments de *Robert le Diable* qui ont été gravés tout récemment ; plus une très volumineuse collection inédite, que le ministère a acquise à Berlin, pour la bibliothèque.

ROSSINI. — Des fragments inédits de *Guillaume Tell* et du *Siège de Corinthe*.

Cette collection contient également des autographes musicaux de presque tous les compositeurs qui ont été représentés à l'Opéra depuis plus d'un siècle : Piccini, Sacchini,

Salieri, Grétry, Berton, Lesueur, Pertuis, Nicolo, Spontini, Gossec, Chérubini, Hérold, Halévy, Auber, Donizetti, etc, etc.

Madame Spontini a bien voulu faire don à la bibliothèque des partitions autographes de *la Vestale*, *Fernand Cortez* (version de 1817), *Olympie*, *Agnès*, *Nurmahal*, *Alcindor*. Ce précieux recueil forme quinze gros volumes in-folio, entièrement écrits de la main de Spontini. M. F. Hérold, fils de l'illustre compositeur, a offert aussi un important fragment autographe de *Zampa*.

Par arrêté du 14 février 1873, rendu sur la proposition de M. Vaucorbeil, alors Commissaire du Gouvernement près les théâtres subventionnés, la bibliothèque a reçu une précieuse collection de cent soixante-dix-neuf ouvrages, depuis Lully jusqu'à Gluck, et quatre-vingt-deux cartons contenant des parties d'orchestre ayant appartenu, ainsi que la plupart des partitions, au marquis de la Salle.

En juin 1879, par suite d'un échange opéré entre le ministère de l'instruction publique et des beaux-arts et le ministre des travaux publics, l'Opéra possède une très intéressante série de dessins originaux de costumes et

Chœur

Presto con fuoco

Sta-ti-va Stativa! — qu'aux horreurs du car-
-nage une esclave arracha! vous la voyez c'est moi—!..

Crime!... ô Dav—!... affreuse i-mage!... Dav-id!... ah—

sanglante

Envoyez-moi la petite scène du 3e acte
et donnez-moi des nouvelles de votre santé

décors des XVIIe et XVIIIe siècles, qui appartenait au Mobilier national.

Dans la série des plans de théâtre se trouve une collection de tous les plans et vues des salles occupées par l'Académie de Musique depuis son origine. Cette série a acquis une importance particulière par le versement des plans et dessins exécutés sous la direction de Charles Garnier, pour la construction du nouvel Opéra.

Depuis l'organisation des archives, les maquettes des décorations de chaque ouvrage représenté sont conservées dans des portefeuilles. Cette collection a contribué à former, avec les recueils des costumes, le fonds de l'exposition théâtrale qui a dignement figuré, en 1878, à l'Exposition universelle.

Dans une annexe de la nouvelle bibliothèque publique, on peut voir une dizaine de ces maquettes, montées et éclairées par une herse minuscule. L'Opéra en possédant déjà plus de cent cinquante, il sera facile de modifier et de renouveler cette exposition intéressante.

Tel est l'ensemble des collections qui font de la bibliothèque et des archives de l'Opéra un dépôt spécial des plus importants pour l'histoire du théâtre et des arts qui s'y rattachent. Son installation dans les bâtiments du nouvel Opéra a été faite, dès l'origine, d'une façon très convenable ; mais, placé au cinquième étage, sans autre accès que l'escalier de l'administration, communiquant avec les services intérieurs du théâtre et les loges d'artistes, il n'était accessible qu'à un petit nombre d'érudits qui, chercheurs patients, finissent toujours par découvrir les documents dont ils ont besoin ; mais le public ne pouvait y être régulièrement admis.

Il n'en est plus de même à présent.

Entièrement isolée de tout le reste du théâtre, ayant un accès spécial par la double rampe du pavillon ouest, la bibliothèque de l'Opéra, située au premier étage, se compose d'une charmante galerie-musée, d'un goût exquis, où sont exposés les dessins, les peintures, autographes, etc., etc.; d'une vaste et splendide salle de lecture occupant tout le grand salon circulaire ; de quatre petites salles et d'une bibliothèque pouvant contenir douze mille volumes, mise en communication par un monte-charge avec les dépôts situés à l'étage supérieur.

Les archives resteront à la place qu'elles

occupent actuellement, en profitant de l'espace laissé libre par le déplacement de la bibliothèque. Les documents dont les lecteurs auraient besoin peuvent être facilement transportés dans la nouvelle salle de lecture.

La bibliothèque de l'Opéra se trouve donc ainsi placée dans les conditions les plus favorables pour rendre des services réels aux artistes travailleurs et aux érudits.

Ajoutons aussi que, par sa magnifique installation, son intéressant musée et son exhibition de maquettes, elle complète admirablement les splendeurs du superbe théâtre que la France et l'étranger ont proclamé sans rival dans le monde.

LES DANSES HISTORIQUES

La reconstitution des temps passés est aujourd'hui l'objet d'incessantes recherches. Tout ce qui a rapport au costume, à l'ameublement, aux mœurs et aux usages anciens, tout ce qui touche enfin l'homme et son foyer a été restitué patiemment et sûrement, par des chercheurs infatigables, dont plus d'une trouvaille a été proclamée une merveille de goût et d'agencement.

*
* *

A l'heure présente, les danses anciennes sont en très grande faveur, et, chaque fois qu'on en exécute quelques-unes en public, toute l'assistance applaudit avec enthousiasme. L'auteur de cette étude ne peut que se réjouir de ce résultat laudatif, puisqu'il a été le premier, comme musicien, qui se soit occupé de ces bons vieux « airs à danser », si charmants dans leur forme naïve.

Mais, avant de parler des anciennes danses, il croit utile de passer rapidement en revue l'histoire de la danse elle-même, ne serait-ce que pour expliquer la lenteur solennelle des pas et des gestes, qui ne disparut réellement de la chorégraphie, qu'à la fin du siècle dernier.

*
* *

Une remarque étrange à faire tout d'abord : la danse fit ses premières évolutions dans l'enceinte réservée au culte de la Divinité sous les différents noms de temples, synagogues, mosquées ou églises ; d'autre part, ses meilleurs historiens se trouvent avoir appartenu au clergé, tant régulier que séculier ; ce furent le P. Menestrier, jésuite ; Jehan Tabourot, official de l'évêché de Langres (sous le pseudonyme-anagramme de Thoinot Arbeau); les abbés du Bos, de la Porte, de Brossard, et d'autres encore.

Il est facile d'expliquer cette apparente anomalie : chez les anciens et dans les premiers temps de l'ère chrétienne, la mimique et la danse étaient une importante annexe du rite sacré.

*
* *

La danse, dans les temples, existait chez tous les peuples de l'antiquité. D'abord, en Égypte : là, l'autel, placé au centre, représentait l'astre du jour ; les danseurs, figurant les signes du zodiaque, les sept planètes et les constellations, exécutaient la révolution des corps célestes autour du soleil.

Il en était de même, en Grèce, dans le temple d'Apollon.

Les prêtres et prêtresses de Memphis, en dansant, portaient au bœuf sacré l'herbe humide et le gâteau de pure avoine.

A Rome, dès l'origine de la cité-reine, les prêtres saliens du dieu Mars, espèce de prêtres danseurs, se livraient dans leur temple à des ébats chorégraphiques, parfaitement admis dans leur rituel.

En Grèce, autre danse consacrée au dieu Mars. La danse pyrrhique « étoit formée par des personnes toutes armées et dans laquelle on figuroit toutes les parties de la tactique et toutes les manœuvres de la guerre ; on y voyoit des attaques, des retraites, des mêlées ; tantôt les danseurs s'escrimoient, faisoient de l'espadon, tantôt lançoient le javelot et paroient les coups, en baissant le corps ou en opposant le bouclier [1] ».

En retournant à Rome, nous trouvons encore les bacchanales et les danses funèbres, dont il existe un souvenir dans l'Espagne moderne.

« C'est par la danse que les Juifs célébraient les grands événements politiques. Les Macchabées instituèrent des danses en mémoire de la restauration du Temple. La belle Judith, rapportant dans un sac la tête d'Holopherne, fut reçue par des chœurs de baladins, et la fille de Jephté dansait avec ses compagnes en allant à la rencontre de son père.

1. Boulenger de Rivery, *Recherches historiques*. Paris, 1751.

» David dansa devant l'arche sainte. Il paraît que le roi-prophète, vêtu simplement d'une tunique de lin, exécutait des pas trop hardis; on doit le présumer, du moins, d'après les violents reproches que Michol, sa femme, lui adressa quand il fut de retour au logis[1]. »

N'oublions pas de mentionner la danse des Juifs autour du Veau d'or et, en Orient, les fakirs de l'Inde et les derviches tourneurs.

Les chrétiens empruntèrent au paganisme cet usage des danses sacrées : La *feste de l'âne* au moyen âge ; le fameux refrain chanté et *dansé* dans le chœur de Saint-Léonard, à Limoges : « San Marceou, préja pér nous, e nous espingaren pér bous; » les messes des *Mozarabes*, rétablies par le second cardinal Ximenès, dans la cathédrale de Tolède (xve siècle) et pendant lesquelles on dansait au chœur et dans la nef.

Nous avons encore à citer les *Danses ambulatoires* ou processions dansées. Il en est une dont nous parle Bonnet[2] qui fut organisée à

1. Castil Blaze, *La Danse et les Ballets.*

2. Bonnet, ancien payeur des gages au Parlement, *Histoire générale de la Danse.* Paris, 1723.

Lisbonne par les jésuites pour la béatification d'Ignace de Loyola ; puis une autre du même genre, célébrée dans la même ville, en l'honneur de la canonisation du cardinal Charles Borromée ; enfin la procession de la Fête-Dieu, commandée par « le bon roi René » d'Anjou, à Aix, en 1482.

Un témoin oculaire, le Père Menestrier[1], nous raconte ceci :

« J'ai vu encore en quelques églises, le jour de Pâques, les chanoines prendre par la main les enfants de chœur et, en chantant des hymnes de réjouissance, danser dans les églises. »

Citons d'autres témoignages plus étonnants encore, puisque les faits se seraient passés dans notre siècle.

Castil Blaze a vu, de 1810 à 1813, le jeudi saint, à Séville, douze jeunes gens danser une pavane devant le Saint-Sacrement. Quatre heures après, douze autres danseurs leur succédaient, afin que cet exercice *pieux* pût être prolongé pendant tout le temps de l'exposition de l'hostie consacrée.

1. *Des Ballets anciens et modernes, selon les règles du théâtre*. Paris, 1683.

Le frère de Castil-Blaze prétend, lui aussi, avoir *vu* de pareils exercices de chorégraphie religieuse s'exécuter dans d'autres villes de l'Espagne, puis au Pérou et au Mexique.

Les papes et les conciles proscrivirent de leur mieux ces démonstrations extra-religieuses; le pape Zacharie, entre autres (744), fulmina, à leur sujet, un bref d'une rigueur extrême.

Les *Danses sacrées*, nommées alors *Danses baladoires*, *Danses nocturnes*, *Danses des brandons*, furent surtout l'objet des censures œcuméniques. Ces fêtes avaient lieu dans les premiers jours de l'année et au mois de mai.

Les foudres ecclésiastiques ne produisirent pas un effet bien immédiat, puisque la danse des brandons subsistait encore, il y a trente ans, dans les villes et villages du Midi, la veille de la fête de saint Jean, seulement elle n'avait plus que la rue pour temple. Maintenant la civilisation et le progrès ont parlé, et les torches sont à jamais éteintes.

*
* *

Comme nous n'avons pas à nous occuper

ici du théâtre ancien ni des fêtes du Cirque et des empereurs romains, ce n'est qu'au XVe siècle que nous voyons, pour la première fois, la Danse s'émanciper hors du giron de l'Église et se dégager des *soties* ou *moralités* des passionnistes et autres produits de la cléricature dramatique.

Après un essai infructueux du cardinal camerlingue, neveu de Sixte IV, la première tentative sérieuse de chorégraphie théâtrale eut lieu à Tortone, en Lombardie. Son inspirateur fut un gentilhomme nommé Bergonzo di Botta, qui composa une fête en l'honneur du mariage du duc Galéas de Milan avec Isabelle d'Aragon (1488).

Nous allons emprunter à Cahuzac[1], qui lui-même ne fut qu'un compilateur, le récit de cette représentation princière, dont les détails nous ont semblé curieux à étudier :

* * *

« Dans un magnifique *sallon* entouré d'une

1. CAHUZAC, *La Danse ancienne et moderne*, 3 vol. in-12. La Haye, 1754.

galerie où étoient distribués plusieurs joueurs de divers instruments, on avoit dressé une table tout à fait *vuide*. Au moment que le duc et la duchesse parurent, on vit Jason et les Argonautes s'avancer fièrement sur une symphonie guerrière. Ils portoient la fameuse Toison d'or, dont ils couvrirent la table, après avoir dansé une entrée noble qui exprimoit leur admiration à la vue d'une princesse si belle et d'un prince si digne de la posséder.

» Cette troupe céda la place à Mercure. Il chanta un récit dans lequel il racontoit l'adresse dont il venoit de se servir pour ravir à Apollon, qui gardoit les troupeaux d'Admète, un veau gras, dont il faisoit hommage aux nouveaux mariés. Pendant qu'il le mit sur la table, trois quadrilles qui le suivoient exécutèrent une entrée.

» Diane et ses nymphes succédèrent à Mercure. La déesse faisoit suivre une espèce de brancard doré, sur lequel on voyoit un cerf. C'étoit, disoit-elle, Actéon, qui étoit trop heureux d'avoir cessé de vivre, puisqu'il alloit être offert à une nymphe aussi aimable et aussi sage qu'Isabelle.

» Dans ce moment, une symphonie mélodieuse attira l'attention des convives. Elle annonçoit le chantre de la Thrace. On le vit jouant de la lyre et chantant les louanges de la jeune duchesse.

» Des sons éclatants interrompirent cette mélodie. Athalante et Thésée, conduisant avec eux une troupe leste et brillante, représentèrent par des danses vives une chasse à grand bruit. Elle fut terminée par la mort du sanglier de Calydon, qu'ils offrirent au duc, en exécutant des ballets de triomphe.

» Un spectacle magnifique succéda à cette entrée *pythoresque*. On vit d'un côté Iris, sur un char traîné par des paons et suivie de plusieurs nymphes vêtues d'une gaze légère, qui portoient des plats couverts de ces superbes oiseaux.

» La jeune Hébé parut de l'autre, portant le nectar qu'elle verse aux dieux. Elle étoit accompagnée de bergers d'Arcadie, chargés de toutes les espèces de laitage, de Vertumne et de Pomone, qui servirent toutes les sortes de fruits.

» Dans le même temps, l'ombre du délicat Apicius sortit de terre. Il venoit prêter à ce superbe festin les finesses qu'il avoit inventées et qui lui avoient acquis la réputation du plus voluptueux des Romains.

» Ce spectacle disparut, et il se forma un grand ballet, composé des dieux de la mer et de tous les fleuves de la Lombardie. Ils portoient les poissons les plus exquis, et ils les servoient en *exécutant des danses de différents caractères.*

» Ce repas extraordinaire fut suivi d'un spectacle encore plus singulier. Orphée en fit l'ouverture. Il conduisoit l'Hymen et une troupe d'Amours. Les Grâces, qui les suivoient, entouroient la Foi conjugale, qu'ils présentèrent à la princesse, et qui s'offrit à elle pour la servir.

» Dans ce moment, Sémiramis, Hélène, Médée et Cléopâtre interrompirent le récit de la Foi conjugale en chantant l'égarement de leurs passions. Celle-ci, indignée qu'on osât souiller par des récits aussi coupables l'union pure des nouveaux époux, ordonna à ces reines criminelles de disparoître. A sa voix, les Amours dont elle étoit accompagnée fondirent par une danse vive et rapide sur elles, les poursuivirent avec leurs flambeaux allumés et *mirent le feu* aux voiles de gaze dont elles étoient coiffées.

» Lucrèce, Pénélope, Thomiris, Judith, Porcie et Sulpicie les remplacèrent, en présentant à la princesse les palmes de la pudeur (?) qu'elles avoient méritées pendant leur vie. Leur danse noble et modeste fut adroitement coupée par Bacchus, Silène et les *Égipares* (*sic*) qui venoient célébrer une noce si illustre, et la fête fut ainsi terminée d'une manière aussi gaye qu'ingénieuse. »

Malgré la longueur de ce compte rendu, nous avons tenu à le donner *in extenso;* car cette splendide fête, aussitôt connue, fit l'admiration de toute l'Europe, et ce fut là le point de départ des opéras et ballets mythologiques qui advinrent par la suite, avec leurs machines, leurs vols et leurs transformations.

*
* *

Cependant un siècle à peu près s'écoula sans qu'il se produisît une solennité chorégraphique de cette importance; c'est seulement en 1589 et en 1594, à Florence, qu'on retrouve une fête pouvant soutenir la comparaison.

Un gentilhomme musicien, nommé Corsi, et trois de ses amis, le poète Ottavio Rinuccini,

Giacomo Peri et Giulio Caccini, donnèrent à cette époque, dans le palais de Corsi, en présence du grand-duc et de la grande-duchesse de Toscane, des cardinaux Monte et Montalto et de toute la noblesse florentine, la représentation d'une sorte d'opéra-ballet ayant pour titre *les Amours d'Apollon et de Daphné.*

Quelques années après, le grand Monteverde fit exécuter son *Orfeo* et son *Ariana;* le Théâtre-Lyrique était fondé. La danse avait toujours fait cortège au chant dans les ouvrages dramatiques; mais bientôt elle resta seule à constituer les longs intermèdes, qui s'exécutaient dans les palais et sur les places publiques, pour célébrer les fêtes princières ou nationales. C'est à ce moment que commença l'exécution de ce qu'on appelait les *grands ballets.* Ils étaient divisés en trois espèces différentes : les ballets héroïques, les ballets fabuleux et les ballets de genre, c'est-à-dire poétiques, allégoriques, moraux ou bouffons.

Cinq actes, ordinairement, formaient l'ensemble de l'ouvrage, et chaque acte se subdivisait lui-même en trois, six et même douze entrées. On appelait entrée le jeu d'un ou de plusieurs quadrilles de danseurs, et ces danseurs étaient costumés suivant l'action qu'ils devaient représenter par leurs pas et par leurs gestes.

Un des plus curieux spécimens de ce genre est le ballet du Gris de lin. Nous allons en faire la description, d'après le Père Menestrier.

« L'an 1653, le dernier jour du carnaval, on dansa à Turin, dans la cour du duc de Savoie, un ballet dont le sujet était le Gris de lin, qui était la couleur de Madame Chrétienne de France, duchesse de Savoie. Ce sujet paraît d'abord assez ingrat pour le théâtre; mais l'invention dont se servit M. le comte Philippe d'Aglié, auteur de ce ballet, le rendit l'une des plus agréables représentations que l'on ait encore faites. Il feint que l'Amour, qui a toujours un bandeau sur les yeux, s'ennuyant d'être ainsi comme aveugle dans le monde, appelle la Lumière à son secours et la prie de se répandre sur les astres, sur le ciel, sur l'air, sur l'eau et sur la terre, et généralement sur toute chose, afin que, leur donnant un nouvel éclat et mille beautés différentes, par la variété des couleurs, il puisse choisir celle qui lui agréera le plus.

» Junon, qui est la déesse de l'air, pour

satisfaire les désirs de l'Amour, envoie Iris, sa messagère, *étaller* dans l'air ses couleurs en plusieurs bandes. L'Amour considère ces couleurs et choisit le gris de lin comme la couleur la plus parfaite, et veut qu'elle signifie un Amour sans fin. Il ordonne en même temps que les oiseaux la portent dans leur plumage, et que l'on en fasse dans le monde les ornements des habits. »

Voici quelques autres titres des ballets de cette époque, que nous transcrivons à cause de leur originalité :

Ballet des Prospérités des Armes de la France;

La Vérité ennemie des Apparences (ballet italien);

Qu'il est plus aisé de terminer les différends par la Religion que par les Armes (ballet italien);

Le *Ballet du Tabac;*

Le *Ballet des Postures;*

La Félicité des Sens;

Le *Ballet des Néréides* (REPRÉSENTÉ DANS L'EAU);

Le *Ballet des Aveugles* (*l'Amour, la Fortune et la Mort*, ayant tous trois un bandeau sur les yeux);

Le Bal des Goutteux, etc., etc.

*
* *

Lully fut le premier qui osa donner à la musique de danse une allure relativement un peu vive. La solennité la plus pompeuse présidait aux réjouissances des princes, des bourgeois et du peuple; c'était surtout à la cour et dans les palais que la *danse noble* était en très haute estime. Aussi, comme le rapporte l'abbé Du Bos (en 1746), « lorsque Lully parut et quand il commença de composer, pour les ballets, de ces airs qu'on appelle des airs de vitesse... bien des personnes dirent qu'on corrompait le bon goût de la danse, et qu'on allait en faire un *baladinage* ».

Comparez les airs de Lully à la musique des ballets modernes, et concluez.

*
* *

Avant la fin du XVIIIe siècle, nos pères ne connaissaient pas la pantomime. Ce fut Noverre qui, le premier, en 1776, par son ballet de *Médée et Jason*, nous apporta cette grande modification à l'art chorégraphique. Il s'était déjà fait applaudir à Vienne, avant de venir à Paris. Il avait eu, du reste, en Autriche, une idée plus qu'étrange : celle de travestir en ballet tragique *les Horaces* du grand Corneille (!!!). En 1777, il faisait représenter son ouvrage à Paris, mais sans aucun succès. Le *Qu'il mourût!* par gestes ne fit pas le moindre effet.

Dans la seconde moitié du XVe siècle, aux XVIe et XVIIe siècles, et, dans la première moitié du XVIIIe, on était bien loin des audaces du sieur Noverre. L'action tout entière était interprétée par la danse seule, qui était censée pouvoir dépeindre la généralité des sentiments humains : l'amour ou l'indifférence, la jalousie ou la gaieté, la haine ou la tendresse. Les « maîtres à danser » de cette époque ne se servaient, pour ce que nous appelons maintenant des *écots* ou *variations*, que de types invariables de rythme et de facture. Ces danses avaient des noms génériques qui constituaient une chorégraphie immuable. Nous allons les passer en revue, l'une après l'autre et chronologiquement.

*
* *

Aux XVe et XVIe siècles, alors que le théâtre était encore à l'état d'embryon, ce n'est que dans les palais que nous pourrons étudier la physionomie des ballets de cette époque.

Il y avait d'abord, comme DANSES NOBLES :

La *Romanesque* (dérivatif du mot *Roma* et non *Roman*) ; puis la *Basse Danse ;* — les airs de ces figures étaient écrits en mesures binaires.

La *Courante*, danse légère et sautée, par syncopes, mesure ternaire. Cette figure représentait souvent une espèce d'action et se dansait avec trois couples, au moins.

Les différents *Branles :* d'abord les branles des provinces, du haut Barrois, du Poitou, de Bretagne, d'Avignon ; puis les branles à dessins particuliers : le *Branle de la torche*, dans lequel un danseur tenait une torche allumée, que ses concurrents voulaient éteindre et dont il devait défendre la flamme ; le *Branle de la serviette*, le *Branle aux chapelets*, en usage dans « la Brye », et dont la *Gavotte* est un dérivé.

*
* *

Au xvie siècle, à partir de 1530, nous ne trouvons plus de Basse Danse ni de Romanesque. Elles ont fait place aux *Pavanes*, *Gaillardes* et *Gavottes*. La mode avait aussi adopté la *Morisque*, dont les danseurs étaient chargés de petits grelots résonnants, le *Branle de la Haye;* celui de *l'Official;* une grande quantité de *Branles articulés; l'Allemande*, danse assez insignifiante, enfin les *Bourrées chantées.*

Il paraîtrait que la *Pavane* a deux origines : d'après quelques historiens, elle serait originaire d'Espagne ; d'après d'autres auteurs, elle aurait été exécutée pour la première fois à Padoue, d'où *Paduana, — Pauana, — Pavana.*

En revanche, suivant Thoinot-Arbeau, qui donne la tablature de la Pavane dans sa précieuse *Orchésographie* [1], tout le monde aurait raison, puisque le brave official de Langres nous apprend qu'il existait autrefois deux Pavanes : la Pavane ordinaire et la Pavane d'Espagne.

Cette danse semble avoir été la favorite des

1. Langres, 1589.

ballets, à l'Escurial, ce palais morne et sombre où l'étiquette étouffait le rire et bannissait la gaieté, cour grave et compassée, reflet sinistre de l'orgueil castillan, triste contraste avec la splendeur du soleil madrilène et la facilité de mœurs du peuple espagnol.

La Pavane était tout empreinte de noblesse et de majesté ; aussi lui avait-on donné le nom de « Grand Bal ». Les gentilshommes dansaient avec la cape et l'épée, les gens de justice avec leurs simarres, les princes avec leurs grands manteaux, les dames avec la queue de leur robe abaissée et traînante.

Le nom de Pavane lui serait venu, dit-on, de ce que le danseur, en arrondissant les bras sous la cape, appuyait la main sur la garde de son épée, pour que celle-ci pût soulever le manteau par derrière. C'était l'image du paon faisant la roue.

Le Louvre possède un tableau « de l'école française » qui semblerait pourtant provenir d'un pinceau italien ; ce tableau représente fidèlement une Pavane, dansée à la cour pour le mariage du duc d'Alençon.

On est même allé jusqu'à attribuer à Fernand Cortez l'invention de la Pavane. Spontini ne connaissait pas, sans doute, le talent chorégraphique de son héros; sans cela, il eût placé une Pavane dans la *fête mexicaine* du premier acte de son opéra, au lieu de « la Polonaise », qui n'a point, ce nous semble, une grande couleur locale.

Dès l'apparition de la Pavane à la cour de France, on en altéra la noble et imposante allure. On y introduisit bientôt « plusieurs assiettes de pié, des passades, des fleurets, des découpements de pié », pour en modérer la triste gravité.

*
* *

Enfin parut la *Volte,* dont le nom nous indique parfaitement et l'origine et le caractère.

La Volte nous vint d'Italie et pourrait être un dérivé d'une autre figure du temps, la *Gaillarde.* Elles étaient toutes deux bien appropriées aux goûts de cette époque, aussi guerrière que galante. Il fallait au danseur une grande force musculaire pour exécuter à souhait les règles de cette danse « où l'homme fait tourner plusieurs fois la dame et puis lui aide à faire un saut ou cabriole en l'air [1] ».

1. *Dictionnaire de la Danse* et Thoinot Arbeau.

La Volte ne brillait point par la décence ; malgré cela (peut-être à cause de cela), cette danse était d'un usage habituel dans tous les bals de la cour de France. La reine Margot était une « volteuse » du plus grand renom. Du reste, elle excellait dans toutes les autres danses à la mode du temps : la Pavane, les Branles, la Courante et l'Allemande.

Terminons ce paragraphe par une anecdote... un peu gauloise, dont nous laissons, bien entendu, la responsabilité au chroniqueur qui nous l'a transmise :

« Au bal donné le 14 août 1572, pour le double mariage du roi de Navarre avec Marguerite de Valois, et du prince de Condé avec Marie de Clèves, cette dernière dansa tant et si bien la Volte, que Catherine de Médicis l'emmena dans un cabinet de toilette pour la faire changer... de chemise.

» Quelques instants après, Henri III, alors duc d'Anjou, entra dans le même cabinet pour réparer sa coiffure ; il suait aussi beaucoup. Trouvant un linge sur une chaise, il le prit sans trop le regarder et s'essuya le visage : c'était la chemise de Marie de Clèves. On était au temps des influences magiques.

De l'attouchement de la chemise de Marie de Clèves naquit spontanément dans le cœur du duc d'Anjou une passion inconsciente, un vrai coup de foudre, passion telle qu'on prétend que la couronne de Pologne ne lui déplut tant, au départ, que parce qu'il quittait Marie.

» Cette passion aurait résisté à l'exil, et, lors de son avènement, il croyait l'épouser en la faisant divorcer d'avec le prince de Condé, sous prétexte de différence de religion, ce dernier appartenant aux calvinistes. Mais, subitement, Marie de Clèves mourut, empoisonnée, disent quelques-uns. Henri III la regretta profondément, et on raconte qu'il ne l'oublia jamais, soit que la nature charmante de la princesse l'eût touché sérieusement, soit qu'il eût été complètement ensorcelé par l'attouchement du linge qu'elle avait porté. »

Voilà un sujet de ballet tout trouvé; mais avouons franchement qu'il serait assez difficile à mettre en scène.

*
* *

Avec la Pavane et la Volte, nous trouvons, dans la même période, la *Bocane* et la *Cou-*

rante, deux noms différents pour indiquer à peu près la même danse, celle-ci provenant de celle-là, qui dut son nom au « sieur Bocan, maistre à danser de Sa Majesté la Reyne Anne d'Autriche » (1646), mais, toutes deux, danses nobles et graves, s'il en fut jamais.

Cette appellation de Courante constitue une véritable anomalie pour nos oreilles modernes ; nous nous figurerions volontiers, sous ce nom, voir *courir* une farandole échevelée, renversant tout sur son passage. Loin de là !

« L'air est ordinairement d'une mesure à trois temps, grave, et se note en triples de blanche, avec deux reprises. La Courante se fait d'un temps, d'un pas, d'un balancement et d'un coupé.

» Cette danse est *très grave et inspire un air de noblesse.* Louis XIV la préférait à toutes les autres danses et la dansait mieux que personne de sa cour. Elle a été toujours regardée comme très nécessaire à savoir pour bien danser, et ses mouvements sont si essentiels, qu'ils donnent une grande facilité pour bien exécuter les autres danses [1]. »

1. *Dictionnaire de la Danse.*

*
* *

La *Sarabande* est une autre figure noble de la même époque (commencement du XVIIe siècle), que nous devons à l'Espagne ; mesure à trois temps d'un caractère grave, lent et sérieux. On l'a toujours dansée avec accompagnement de castagnettes. Ce détail dénote suffisamment son origine ibérique.

Auber a donc fait de la couleur locale — à peu près — quand il a placé au second acte des *Diamants de la Couronne* sa jolie sarabande en *la mineur;* très modernisée, du reste, elle est charmante de rythme et de motif.

A l'exemple de la Pavane, la Sarabande était considérée comme une danse religieuse. En 1688, à Milan, les soldats espagnols dansaient la Sarabande devant la procession de la Fête-Dieu.

Cette danse eut une très longue vogue en France. On en trouve dans tout le répertoire lyrique du XVIIIe siècle, jusqu'à l'époque de Gluck : dans *le Triomphe de l'Amour* (Lully), dans *les Festes grecques et romaines* (Colin de Blamont), dans *Créüse l'Athénienne* (Lacoste), dans *Callirhoë* (Destouches), dans *le Triomphe de l'Harmonie* (Grenet), dans *Médée et Jason* (Salomon), dans *l'Europe galante* et dans *Tancrède* (Campra); dans *Circé* (Desmaret), dans *Anacréon* et dans *les Surprises de l'Amour* (Rameau), etc., etc.

On raconte que Ninon de Lenclos fut une des virtuoses de la Sarabande, à l'époque où cet « air à danser » était presque toujours écrit *note pour note*. Avec les castagnettes obligées, la fameuse courtisane y déployait une grâce infinie qui faisait pâmer d'enthousiasme ses très nombreux adorateurs.

* * *

De toutes les danses anciennes, la *Gavotte* eut l'existence la plus longue et la plus durable. Pour le public moderne, elle constitue, avec le *Menuet*, la fidèle reproduction des mœurs du XVIIe siècle. A ce mot de Gavotte, une image légendaire se présente à tous les esprits raffinés. On voit aussitôt un beau gentilhomme en habit brodé, pirouettant sur son talon rouge et tendant la main à une dame, poudrée à frimas, le visage couvert d'une épaisse couche de vermillon, portant sur les hanches de vastes paniers recouverts d'amples falbalas. Eh bien! cette légende est tout à fait apocryphe, puisque la Gavotte date de bien plus loin que le règne de Louis XV. La mode l'a respectée, *depuis le* XVIe *siècle* jusqu'à la Restauration.

La Gavotte a été plus que trois fois centenaire.

Elle a vu passer la Saint-Barthélemy, l'Édit de Nantes et sa révocation, les guerres des jansénistes, des gluckistes et des piccinnistes, les États généraux, la Convention, l'Empire et la rentrée des Bourbons.

Cette vieille danse subit pourtant des variations de détail. Au XVIe siècle, les pas diffèrent totalement des époques postérieures.

La Gavotte avait eu d'abord le Branle pour congénère, et on délaissa, par la suite, ce modeste point de départ. Dans le principe, la cadence des pas suivait imperturbablement la coupe musicale. Sous Louis XIV, au contraire, la Gavotte se dansait à contre-temps et on la divisait en trois rythmes : le rythme tendre, le rythme léger et le rythme ordinaire, qui se trouvait avoir l'allure de la contredanse en usage à cette époque.

Le rythme léger était presque toujours employé dans ce que l'on appelait la *Gavotte tendre*, après le premier motif et avant sa reprise. La cadence des pas était très difficile à régler, car elle exigeait une grande virtuosité, par le fait de l'extrême variété des pas.

Sous Louis XV, la Gavotte fut, presque toujours, employée au théâtre comme « danse d'action », et, par cela même, elle était moins usitée dans les bals privés. Voilà donc un démenti à la légende citée plus haut.

Sous Louis XVI, la Gavotte redevint en très grande faveur à la cour, et la mode l'a conservée, comme nous le disions tout à l'heure, jusqu'au commencement du XIXe siècle; mais, à partir du Consulat, elle reçut une importante modification : les pas ne furent plus réglés que par phrases musicales. La Gavotte devint ainsi une danse presque moderne.

*
* *

Le *Menuet* a quelques analogies avec la

Gavotte, analogies d'existence, sinon de forme. Dans les vieilles partitions, on trouve peut-être plus de menuets que de gavottes; seulement, le Menuet a résisté moins longtemps que sa contemporaine aux exigences de la mode. Au lieu de n'avoir été en usage que sous Louis XV, avec la Gavotte, ainsi que le veut la légende, ce fut surtout à l'époque de Louis XIV que cette danse eut une très grande vogue.

Nous ferons observer qu'au point de vue purement musical, le Menuet avait complètement changé d'allure, à partir de Rameau. Dans les ouvrages du grand Gluck, on trouve cette formule : « Mouvement de menuet. » Les symphonistes, Haydn en tête, lui donnèrent le coup de grâce en lui substituant le *Minuetto* instrumental. C'en était fait, le vieux Menuet n'était plus.

Comme danse, l'abbé de Brossard, dans son *Dictionnaire*, prétend que le Menuet nous était venu du Poitou. Cela peut être; mais une chose est certaine, c'est que le Menuet était considéré par nos pères comme la danse par excellence.

Voici ce que nous en dit *le Maître à danser* dans son style plus que fantaisiste :

« Il faut d'abord savoir que le vrai pas de menuet est composé de quatre pas qui cependant, par leurs liaisons, suivant le *terme* de l'air, ne sont qu'un seul pas. Ce pas de menuet a trois mouvements et un pas marché sur la pointe du pied, savoir : le premier en un demi-coupé du pied droit et un du gauche, un pas marché du pied droit sur la pointe et les jambes étendues. A la fin de ce pas, vous laissez doucement poser le talon à terre pour laisser plier le genouil (*sic*) *qui*, par ce mouvement, fait lever la jambe gauche, *qui* se passe en avant en faisant un demi-coupé avancé, *qui* est le troisième mouvement de ce pas de menuet et un quatrième pas. »

Avez-vous compris? Nous le désirons, sans l'espérer le moins du monde.

Il paraîtrait, du reste, que le Menuet fut rendu plus facile à exécuter par les danseurs novices, grâce à Pécourt, artiste célèbre de l'Opéra, qui réduisit toutes les positions de

1. « Par le sieur Rameau, maître à danser des pages de S. M. C. la reine d'Espagne. » Paris, 1784.

la figure à deux mouvements. Le Menuet devint alors la danse à la mode, et fit partie des talents indispensables à tout homme bien élevé.

Pécourt rendit ainsi, il le croyait du moins, un immense service à l'art et à l'esprit. Sa conviction, en cela, était profonde. Il était, d'ailleurs, très infatué de sa personne et de son habileté, plus que tous les petits maîtres et *les chevaliers* de son entourage, si nombreux pourtant à cette époque.

La Bruyère ne pouvait voir sans colère toutes les dames de la cour s'amouracher de ce baladin. Il lui décocha une foule d'épigrammes acérées, en l'appelant *Bathyle* (en souvenir du fameux mime d'Auguste), et en lui administrant une de ces volées de bois vert dont il avait le terrible secret.

Pécourt appartient tout à fait au siècle de Louis XIV, puisqu'il débuta en 1674 et mourut en 1729.

L'histoire de la chorégraphie nous donne une autre amusante physionomie du « maître à danser ». Il se nommait Marcel, et Helvétius nous en parle dans son livre sur *l'Esprit*.

Ce Marcel était un original, extravagant et

bourru, qui voulait trouver dans la danse le critérium de toutes les qualités et de toutes les imperfections morales ou physiques. Il prétendait distinguer le caractère d'un homme dans sa démarche et dans ses mouvements. Ce danseur *podomancien* plaçait dans les jambes le siège de l'intelligence. Un jour qu'il donnait une leçon de menuet à une jeune fille, il resta quelque temps silencieux et réfléchi, le front penché, l'œil perdu dans une rêverie extatique, et laissa tomber ces mots profonds, qui sont restés depuis à l'état d'axiome : « Que de choses dans un menuet ! »

Ce même Marcel, recevant la visite d'un célèbre danseur anglais, « le tarabuste et le rabroue » en échange de ses longs compliments, et, lorsque l'étranger veut lui parler de ses succès à Londres et à Dublin : « Monsieur, s'écrie Marcel pris d'une belle fureur en le jetant à la porte, ne me parlez jamais de vos danses barbares ; on peut sauter dans les autres pays, mais *on ne danse qu'à Paris.* »

Cette espèce d'illuminé fit son dernier entrechat en 1759.

Nous trouvons dans une brochure, imprimée en 1797 à Lausanne, et intitulée : *Essai ou*

Principes élémentaires de l'art de danse, la réfléxion suivante, qui indique bien que, dès le milieu du XVIIe siècle, le Menuet était déjà passé à l'état de danse classique : « *On l'a abandonné depuis longtemps;* mais il est facile de démontrer qu'on ne peut parvenir à danser, je ne dis pas bien, mais même médiocrement, sans s'y être appliqué. Cette danse développe les membres, leur donne des contours gracieux, du moelleux et de la justesse dans les mouvements. » Du reste, le fameux Marcel s'exprimait à peu près de la même façon : « Le Menuet est une danse froide, mais *nécessaire à l'éducation;* lorsqu'un homme danse bien les menuets, il a des grâces dans tout ce qu'il fait et il est bon à tout. »

C'est le cas de redire : « Que de choses dans un menuet! »

Toutes les danses du XVIIIe siècle, que nous venons de décrire : *Branle*, *Courante*, *Gavotte*, et *Menuet*, étaient exécutées aussi bien à la Cour qu'au théâtre, aussi bien dans les bals ordinaires que dans les bals masqués.

*
* *

Nous allons être obligé de faire ici une assez longue digression à propos du masque et de son emploi à la ville et sur la scène : car ce faux visage tient une place importante dans l'histoire de la Danse.

Tout le monde sait que l'origine du masque remonte aux sources les plus lointaines de la scène antique et qu'il est venu jusqu'à notre époque en faisant partie intégrante de quelques types impérissables de la vieille Comédie italienne.

Au temps de Louis XIV le masque était resté presque immuablement appliqué sur le visage des danseurs, dans les ballets de théâtre. Était-ce pour donner à quelques virtuoses de qualité l'occasion de s'évertuer, sans se compromettre, au milieu des baladins de la compagnie? C'est possible, puisque le cas s'est souvent présenté ; tant est-il que l'usage du masque a été conservé, longtemps encore après la mort de Louis XIV. Ce déguisement de la face était d'autant plus nécessaire, à cette époque, que l'on ne voulait pas admettre, au théâtre, qu'une femme pût remplir un rôle odieux, ou même désagréable à voir. Aussi, pour les Furies, pour les Parques, pour la Haine dans *Armide*, pour la Nourrice dans *Cadmus et Hermione*, en un mot, toutes les fois qu'un rôle d'une tragédie lyrique ou d'un ballet devait représenter une femme vieille, laide, farouche, repoussante, on choisissait un homme pour remplir cette honorable mission, à une condition pourtant : c'est que, s'il était chanteur, il fût possesseur d'une voix de haute-contre.

Jusqu'à l'année 1681, les danseuses masquées ou non masquées n'étaient pas même admises sur la scène de l'Académie Royale de Musique. Grâce à leur masque de carton, les danseurs remplissaient tous les rôles, tant masculins que féminins. Ainsi, dans le ballet d'*Alceste*, de Lully, nous trouvons que les rôles de *bergères* étaient dansés par les sieurs Bonnard et Noblet ; dans celui de *Thésée*, les *suivantes* de Cérès et de Bacchus, les *prêtresses dansantes*, les *Grecques*, etc., sont représentées par les sieurs Bonnard, Boutteville, Bernier, Magny, Noblet, Favier, etc.

Dans *Atys*, c'est bien plus étrange encore,

le fameux Pécourt et Boutteville remplissaient des rôles de *nymphes!*

* * *

Cette absurdité scénique disparut, grâce au désir exprimé par les dames de la Cour de danser, elles-mêmes, à la représentation du « *Triomphe de l'Amour*, ballet royal en vingt entrées, mis en musique par monsieur de Lully, écuyer, conseiller-secrétaire du Roy, maison, couronne de France et de ses finances, surintendant de la musique de Sa Majesté, paroles des sieurs Quinault et Isaac de Benserade. Ce ballet fut représenté pour la première fois au château de Saint-Germain-en-Laye, devant le Roy, le mardy 21 janvier 1681, et à Paris, le mardy 6 may de la mesme année ».

Les danseurs de l'Académie Royale de Musique étant adjoints aux seigneurs de la Cour pour représenter ce ballet, les princesses et les autres dames réclamèrent les rôles de femmes. C'étaient : Madame la Dauphine Mademoiselle, Mademoiselle de Nantes, fille légitimée du Roi, la princesse de Conty, la duchesse de Mortemart, la princesse de Guéménée, la comtesse de Gontaut-Biron, la duchesse de Sully, la marquise de Seignelay, etc., etc.

Comme danseurs, la Cour avait fourni entre autres : Monseigneur, les marquis de Mirepoix, d'Humières et de Richelieu, les comtes de Brionne, de Fiesque, de Tonnerre et *tutti quanti*.

Du reste, à la date de 1664, un *état* avait été publié *des sujets de la danse employés aux Festes de la Cour;* côte à côte avec Molière, Benserade, Quinault, Lully et les danseurs de profession, tels que Beauchamps, Pécourt, Boutteville, Lestang et Noblet, on voit figurer dans l'*état* les plus hauts personnages de cette époque si curieuse à étudier en détail :

Le Roy et la Reyne, Monsieur, la comtesse de Soissons, Mademoiselle de Nemours, les ducs de Sully, de Saint-Aignan ; les marquis de Rassan, de Sancourt, de Genlis ; les duchesses de Foix, de Sully, de Créqui, de Luynes, *Madame de Montespan*, Mademoiselle de Montausier, Mesdames d'Elbeuf, d'Arquien (depuis reine de Pologne), de Brancas, de Caraman, *de Sévigné*, etc.

Pour revenir au *Triomphe de l'Amour*, Lully, en adroit courtisan qu'il était et en homme habile qu'il fut toujours, Lully s'empressa de profiter de la circonstance. Comme il devait placer des danseurs à côté des gentilshommes, il mit des danseuses à côté des grandes dames.

Une de ces ballerines, nommée La Fontaine, s'y fit remarquer; aussi, quand Lully dut faire jouer son ballet à Paris, les danseuses gardèrent leur place tout indiquée par l'exécution devant la Cour, et cette modification, très importante pour l'avenir de la chorégraphie scénique, s'accomplit sans accidents.

Le masque seul fut conservé.

* * *

En dehors des ballets de la Cour et de l'Opéra, comme nous le disions tout à l'heure, il y avait les bals masqués chez les particuliers de la ville, où l'on exécutait toutes les danses à la mode du jour; ces bals étaient régis par une série de coutumes séculaires qui sembleraient bien étranges à coup sûr, si l'on voulait les faire admettre aujourd'hui.

Ces coutumes étaient plus que libérales, nous en convenons fort bien; seulement elles avaient le tort de donner lieu à des incidents et à des conflits de toute sorte, qu'aggravait encore le relâchement des mœurs du temps.

Dans un bal masqué ou à visage découvert, chaque passant avait le droit d'entrer et de s'amuser à sa guise, sans se préoccuper le moins du monde si sa présence pouvait déplaire, en quoi que ce fût, au maître de céans. Il n'y avait, pour être admis, qu'à dire qu'on venait *incognito;* toutes les formalités, dès lors, étaient remplies et l'on n'avait plus qu'à se livrer sans contrainte aux charmes de la Courante, de la Gavotte ou du Menuet.

Mais aussi que d'aventures!

Bonnet nous en raconte quelques-unes, que nous allons lui emprunter :

« Par la suite des temps, l'on s'avisa d'établir des bals nocturnes où l'on n'entrait que masqué, après minuit, pour laisser la liberté aux maîtres du bal, de souper et d'assembler leurs amis, parce que les masques semblent se rendre les maîtres du bal, sitôt qu'ils y sont entrés, à moins que ce ne soit chez un prince ou chez un particulier d'une grande distinction. C'est pourquoi il ne convient pas à tous de donner ce divertissement au public, sans s'exposer à la discrétion des masques;

c'est un usage qui s'est toujours conservé, depuis, pour éviter les inconvénients.

» On sait aussi qu'il n'est pas permis de démasquer un masque au bal, quelque personne que ce puisse être; ce qui fait connaître que ceux qui ont établi le bal masqué n'ont pas manqué d'y joindre quelques préceptes et des règles, pour y conserver un ordre convenable aux mœurs de la nation.

» Le masque a même la liberté de prendre la reine du bal pour danser, quand ce serait une princesse du sang, quoique non masquée; comme je l'ai vu arriver, dans un bal que le roi donnait à Versailles, par un masque déguisé en paralytique et enveloppé d'une vieille couverture, qui eut la hardiesse d'aller prendre Madame la duchesse de Bourgogne; elle eut aussi la complaisance de l'accepter, pour ne pas rompre l'ordre du bal.

» On sut depuis que ce masque n'était qu'un simple officier de la Cour; cependant il n'en fut pas blâmé, parce que c'est une licence que le bal masqué autorise.

» L'entrée du bal doit être libre à tous les masques, pendant le carnaval, surtout après minuit. L'usage que les grands seigneurs ont pris depuis quelque temps, de ne laisser entrer les masques que par billets, *est très contraire à la liberté publique* et à l'institution des bals masqués, parce que le plaisir du déguisement consiste à n'être point connu et d'y entrer aussi librement qu'aux bals magnifiques que feu Monsieur [1] donnait au Palais-Royal, où tout Paris se faisait un plaisir d'aller superbement masqué; outre que *les rafraîchissements y étaient en abondance*, il y avait cinq ou six bandes de violons distribuées dans les appartements. »

*
* *

« Je me souviens, à propos de la liberté de l'entrée du bal pendant le carnaval, d'un accident qui arriva au Roi chez M. le président de N..., qui donnait un bal dans le cul-de-sac de la rue des Blancs-Manteaux, au sujet du mariage d'un de ses fils, il y a près de cinquante ans.

» Le Roi, qui se plaisait quelquefois à *courre* le bal *incognito*, fut à celui du président de N... avec un cortège de trois *carrossées* de

1. Le Régent.

dames de la cour; toute la livrée était en surtout gris, pour n'être pas reconnue.

» Les suisses, qui avaient ordre de ne laisser entrer les masques que par billets, refusèrent l'entrée à la bande du Roi, quoiqu'il fût une heure après minuit. Sur ce refus, il ordonna de mettre le feu à la porte; aussitôt la livrée alla chercher une douzaine de fagots, chez le premier fruitier, que l'on dressa contre la grande porte, et que l'on alluma avec des flambeaux.

» Les suisses, épouvantés de cette hardiesse, allèrent en avertir M. de N..., qui ne balança pas d'ordonner aux suisses d'ouvrir toutes les portes, se doutant bien qu'il fallait que ce fût des personnes de la première qualité pour faire une action si hardie[1]. Tout le cortège entra dans la cour, et l'on vit paraître dans le bal une bande de douze masques, magnifiquement parés, avec une infinité de grisons masqués, tenant un flambeau d'une main et l'épée de l'autre; de sorte que cela imprima le respect à toute l'assemblée.

» M. de Louvois, qui était de la troupe du

1. Ce fait est rapporté dans le *Journal secret des divertissements de Louis XIV*.

Roi, tira M. de N... à part et, s'étant démasqué, lui dit qu'il était le moindre de la compagnie.

» C'en fut assez pour obliger M. de N... à réparer la faute; il fit apporter dans le bal de grands bassins de confitures sèches et de dragées; mais Mademoiselle de Montpensier, qui dansait dans ce temps-là, donna un coup de pied dans l'un des bassins, qui le fit sauter en l'air.

» Cette action alarma encore M. de N...; mais le mal n'alla pas plus loin, par la prudence du Roi, qui calma le ressentiment des princes et des princesses du refus de l'entrée du bal; de sorte qu'ils sortirent sans se faire connaître, après avoir dansé autant qu'ils le voulurent.

» Le lendemain, ce fait fut rapporté, au dîner du Roi et de la Reine mère, par des gens qui ignoraient qu'il eût été de la partie; ils approuvèrent l'action des masques et dirent qu'il fallait que les entrées fussent libres aux masques, dans le temps de carnaval, après minuit, et que, si l'on ne voulait pas se commettre, il ne fallait pas s'exposer à en donner du tout.

» Cette décision a passé comme une espèce de loi. »

*
* *

Dans une autre partie de son livre, Bonnet donne les curieux détails que nous allons transcrire :

« Comme je ne prétends rapporter ici que quelques faits historiques qui concernent les bals de cérémonie, je passe d'Antiochus à Louis XII, qui, étant à Milan, se trouva dans un bal avec les cardinaux de Narbonne et de Saint-Séverin, qui *ne firent point de difficulté de danser* devant Sa Majesté, parce qu'on ne peut se dispenser d'obéir à une dame qui vient vous prendre ; on doit du moins se présenter pour faire la révérence avec elle, la ramener à sa place et ensuite aller prendre une autre dame, pour en faire encore autant, afin de ne point interrompre l'ordre du bal et ne pas passer pour un homme qui n'a pas l'usage du monde ; c'est ce qui a fait dire à Pibrac dans l'un de ses quatrains :

N'aille au bal qui n'y voudra danser.

» Ce n'est pas qu'un cavalier n'y puisse

aller par curiosité, *incognito*, c'est-à-dire enveloppé d'un manteau, et une dame *en écharpe ;* car alors il est contre les règles du bal de les prendre pour danser; comme fit don Juan d'Autriche, dans le temps qu'il était vice-roi des Pays-Bas, qui vint exprès à Paris, pour voir *incognito* danser Marguerite de Valois, à un bal de cérémonie, parce que cette princesse passait pour la danseuse la plus accomplie de l'Europe.

» Ce qui me fait souvenir d'une aventure qui arriva, il y a environ quarante ans, chez Madame la présidente ***, qui donnait un bal au mariage de sa fille.

» Quatre jeunes seigneurs de la Cour, après avoir soupé aux Bons-Enfants, s'avisèrent d'aller *incognito* à ce bal, mais d'une manière fort surprenante, puisqu'ils étaient *tout nuds*, enveloppés de manteaux d'écarlate, doublés de velours, des chapeaux garnis de grands bouquets de plumes, bien chaussés et sans masques, parce que, dans ce temps-là, on ne se masquait que pendant le cours du carnaval.

» Ils avaient leur épée cachée sous leur bras : de sorte qu'il ne fut pas difficile de les reconnaître pour ce qu'ils étaient.

» La mariée, qui ne savait pas les règles du bal, crut qu'il était de la bienséance d'en aller prendre un pour danser ; elle s'adressa à M. le marquis de B... ; il s'en excusa autant qu'il put, disant qu'il n'était point en habit décent et qu'étant *incognito*, il ne pouvait répondre à l'honneur qu'elle lui faisait. Plus il s'excusait, plus elle redoublait ses instances ; il l'avertit même que, s'il dansait avec elle, elle pourrait se repentir de ses empressements.

» Enfin, n'en voulant point démordre et le cavalier ne sachant plus que luy répondre, entra dans le centre du bal, et, laissant tomber son manteau, il fit voir à la mariée un corps de satyre au naturel, ce qui scandalisa toute l'assemblée. »

Il y avait bien de quoi !

« Les dames eurent recours à leurs éventails, les hommes coururent à leurs épées et crièrent qu'on fermât les portes ; mais les jeunes seigneurs, se doutant bien de ce qu'il en pourrait arriver, avaient eu la précaution d'ordonner à leurs valets de s'en emparer. Ils mirent tous l'épée à la main, aussi bien que leurs maîtres, de sorte qu'ils se firent jour pour sortir sans coup férir.

» Cette histoire fit grand bruit dans Paris. Le Roi le sut et, sans la faveur, il eût envoyé à la Bastille les auteurs de cette indécence : ils s'excusèrent néanmoins sur les règles du bal, pour ceux qui y vont *incognito*. »

* * *

L'ouverture des bals qui se donnaient à la Cour et chez les personnes de qualité avait un cérémonial assez compliqué, avec toute sorte de règles empreintes d'une étiquette majestueuse et solennelle, comme tout ce qui se passait en présence du Roi-Soleil.

Tous les danseurs étaient assis en cercle : les dames sur le devant et les seigneurs derrière elles. Il est bien entendu que dans ce cercle n'étaient admis que les personnes ayant « rang à la Cour ».

Lorsque le Roi désirait ouvrir le bal, il se levait et toute la Cour l'imitait aussitôt.

Du temps de Louis XIV, le Roi prenait la main de la Reine ou de la première princesse de sang royal, et se plaçait alors du côté de de l'orchestre. Chaque couple de danseurs (suivant la hiérarchie, cela va sans dire) se plaçait derrière le Roi, tous les cavaliers d'un côté, à gauche, et les dames à droite.

Après la révérence, le Roi « menait le branle », qui était la danse d'ouverture d'un bal. Après le « premier couplet », le Roi et sa danseuse se mettaient derrière les derniers danseurs, et le couple qui les avait immédiatement suivis menait le branle à son tour, et il en était de même jusqu'à ce que le Roi fût revenu à la première place.

La gavotte venait aussi dans le même ordre, puis le menuet. Pour cette figure, il y avait une foule de révérences que le bon Rameau [1] détaille à l'envi, mais dont nous croyons devoir faire grâce à nos lecteurs.

* * *

Bien que nous nous soyons un peu étendu dans la description des danses, notre tâche n'est pas finie ; il nous reste à faire connaître d'autres figures dont quelques-unes eurent une très grande importance chorégraphique au XVIIe et au XVIIIe siècle ; mais elles n'étaient

1. *Le Maître à danser* (Paris, 1754).

employées qu'au théâtre et très rarement dansées dans les bals de la Cour ou de la Ville.

Ces danses étaient divisées en deux genres : le genre *grave* et le genre *gay*.

La *Canarie*, la *Passacaille* et la *Chacone* formaient le premier genre.

Dans le second étaient compris : le *Passepied*, le *Rigaudon*, la *Forlane*, la *Gigue*, la *Bourrée*, la *Musette* et le *Tambourin*.

La *Canarie* (que l'on appelait aussi les *Canaries* et les *Canaris*) n'eut pas une très longue vogue.

Bien qu'elle ait été la contemporaine de toutes les danses que nous venons de citer, elle n'existait déjà plus, tandis que ses pareilles restaient journellement employées et enseignées par les maîtres à danser.

En effet, à l'époque de Montéclair, Mouret et Colin de Blamont, c'est-à-dire vers l'année 1720, les partitions ne nous fournissent pas une seule Canarie ; et, en 1759, Diderot l'appelait « une ancienne danse », absolument comme s'il eût parlé de la danse pyrrhique.

Plusieurs explications de ce nom « Canarie » ont été données par les livres de chorégraphie. Les uns ont voulu prouver que cette appellation venait du premier air sur lequel on avait dansé la figure, ou tout au moins du rythme de cet air, importés tous deux des îles de l'océan Atlantique. D'autres, mieux avisés, selon nous, ont prétendu que le mot est provenu tout simplement d'une mascarade-intermède, ou d'une entrée de ballet, dont les danseurs étaient accoutrés en *sauvages des Canaries*.

Les figures de cette danse étaient assez étranges; les groupes s'éloignaient et se rapprochaient en faisant des passes tout à fait en dehors de l'école chorégraphique française. On peut donc bien admettre qu'avant Cambert et Lully, dans un bal de la Cour, il y ait eu des danseurs, coiffés de plumes, couverts d'oripeaux et de verroteries, qui aient mimé un pas soi-disant sauvage, que l'on aura nommé *Canarie*. De là le nom est resté au rythme et à la figure.

En tant qu'air à danser, la Canarie n'est qu'une espèce de gigue un peu lente, écrite en *six-huit*. Le rythme n'a pas le moins du monde une allure africaine. Il procède toujours par six croches et à chaque triolet, la première note, croche pointée; la seconde, double croche, et la troisième, croche simple.

Ce même rythme ne varie pas un seul instant.

Comme exemples du genre, nous devons citer, au point de vue musical : la Canarie de *l'Europe galante*, de Campra, que l'*Encyclopédie* donne pour modèle ; celle d'*Armide*, de Lully, et la Canarie d'*Amadis de Grèce* de Destouches, qui, lui, l'a écrite en *trois-huit*.

* * *

Despréaux, le mari de « la Guimard », après avoir été très estimé comme danseur, fut nommé directeur de la scène, puis inspecteur de l'Opéra et des théâtres de la cour (1807). Ces hautes fonctions ne pouvaient satisfaire complètement l'amour-propre de l'estimable chorégraphe. Il ambitionnait les palmes poétiques et résolut de suivre les traces glorieuses de Boileau, son quasi-homonyme.

« Les Muses sont sœurs, dut-il se dire, dans le style ampoulé de son époque ; pourquoi donc Terpsichore n'aurait-elle pas son poème, tout aussi bien que la blonde Érato ? Boileau-Despréaux a composé *l'Art poétique* ; Jean-Étienne Despréaux écrira *l'Art de la danse.* » Et, grâce à ce monologue probable, nous avons hérité d'un nouveau poème! en quatre chants! *calqué* sur l'œuvre de Boileau.

Nous nous contenterons de citer deux vers comme spécimen :

Boileau avait dit :

Gardez qu'une voyelle, à courir trop hâtée,
Ne soit d'une voyelle en son chemin heurtée...

J.-E. Despréaux paraphrase ainsi :

Gardez bien qu'une jambe à courir trop hâtée,
Ne soit d'une autre jambe, en son chemin heurtée.

Ainsi du reste.

Malgré sa métromanie, Despréaux a bien agi envers la postérité. Son petit volume est amusant à feuilleter et donne des renseignements utiles sur l'art, trop peu connu, de la chorégraphie et sur les danseurs célèbres, tels que Pécourt, Vestris, Noverre, Gardel, etc.

Trois vers nous initient, de suite, à la constitution de la *Passacaille* :

De même que Beauchamps, d'un brodequin chaussé,
Sous les habits d'un dieu dansait, *seul*, à Versaille,
En pas majestueux, la grave passacaille.

En effet, sous Louis XIV, c'était une danse

à un seul personnage, mouvement *trois-quatre adagio maestoso*. Cette solennité et cet unique danseur pouvaient être de mise à la cour puritaine de madame de Maintenon; mais ils ne devaient plus convenir aux roués de la Régence, ni aux convives des petits soupers. Aussi, à partir de la mort de Louis XIV, ne voyons-nous plus dans les partitions de véritables passacailles. L'air d'*Hypermnestre* de Gervais, chef de musique du régent, est une des dernières passacailles de l'époque.

Dans les ballets de la seconde moitié du XVIIIe siècle, on trouve encore quelques *airs* portant ce nom démodé; mais l'allure en est complètement altérée. Les passacailles de Dauvergne, de Rebel et Francœur, de Garnier et des autres compositeurs du temps sont là pour nous convaincre du fait. Plus tard, Rodolphe, l'auteur du solfège trop connu, a écrit deux passacailles : l'une dans *Apelle et Campaspe*, l'autre dans *Médée et Jason*. Elles sont conçues de la façon la plus fantaisiste.

Quant à ce nom assez étrange de passacaille, on le fait dériver de l'italien *passaglia*, qui signifie vaudeville. Est-ce parce que le musicien, en écrivant cet air à danser, procédait toujours par phrases en forme de couplets?

Littré nous donne comme étymologie les mots espagnols : *passa calle*, mot à mot : *passe rue*. Nous avouons ne pas comprendre cette définition, car une des raisons pour lesquelles on abandonna la passacaille, c'est qu'elle avait le double défaut d'avoir des dimensions exagérées et un rythme très alourdi.

J.-J. Rousseau et, après lui, le *Dictionnaire de la Danse* citent comme modèles musicaux les passacailles d'*Armide*, de Lully, d'*Issé*, de Destouches. Au cinquième acte de *Persée*, de Lully, on pourra aussi trouver une passacaille assez intéressante à lire. Celle d'*Acis et Galathée* est une des plus jolies de l'œuvre de Lully ; mais sa longueur est considérable : près de cinq cents mesures!

Jugez-en : cent soixante-quatre mesures de « symphonie » d'abord, ensuite un solo de « naïade », un chœur, une ravissante ritournelle de flûtes soli, un duo de naïades, puis le chœur ; reprise des flûtes, deux autres soli de naïades, encore le chœur, enfin la reprise de la symphonie. Et toujours le même rythme! Cela peut être varié de timbres, mais vraiment c'est trop long!

Quant à la passacaille d'*Issé*, il nous a été impossible de la découvrir dans les deux éditions de 1724 et 1728. Si elle avait eu autant de succès que nous le dit Jean-Jacques, il n'est pas probable qu'on l'eût supprimée dans la partition gravée.

Suivant l'usage adopté à cette époque, on avait sans doute intercalé une passacaille quelconque dans l'œuvre de Destouches, et le philosophe de Genève s'est enthousiasmé à froid sur cette œuvre parasite.

* * *

Il existe deux manières d'écrire le mot *Chacone:* avec une ou deux *n;* mais suivant nous, en suivant les règles de l'étymologie, on doit l'orthographier comme nous venons de le faire.

Il est indubitable qu'on emprunta le nom de cette danse à la langue italienne : *Ciacona,* du mot *cecone :* aveugle, air d'aveugle.

Le *Dictionnaire de la Danse* et plusieurs autres glossaires avec lui ont avancé que ce mouvement rythmique fut inventé par un aveugle. C'est une interprétation peu plausible.

Castil-Blaze l'explique mieux, à notre avis ; il traite la chacone d'interminable, comme une chanson d'aveugle. En effet, aucune danse n'est longue comme la chacone. Au théâtre, c'était admissible par la raison que les opéras finissant ordinairement par une fête générale, ce morceau de grande dimension donnait aux maîtres à danser l'occasion de dessiner une infinité de pas différents, en groupes et en soli.

La chacone a été presque toujours dansée sur un mouvement à trois temps, procédant par phrases répétées de huit mesures ou couplets, comme la passacaille ; mais les couplets variaient d'allure ; ils étaient tantôt graves, tantôt « gays » ; pour ceux-ci, les pas étaient plus sautés que pour ceux-là.

Floquet fut le premier qui composa une chacone à mesure binaire. Son « air » en *mi* dans *l'Union de l'Amour et des Arts* (1773) est resté justement célèbre.

Une des plus jolies chacones du vieux répertoire est celle de *Roland*, de Lully.

C'est à la demande expresse et aux supplications de Vestris que nous devons la chacone d'*Iphigénie en Aulide*. Gluck l'écrivit pour servir de cadre à « la Lutte pour la Danse ».

*
* *

Nous allons maintenant passer en revue, le plus vite possible, les danses du « genre gay ».

De celles-ci le *Passepied* est peut-être la figure la plus usitée. Malheureusement, au point de vue musical, comme « air à danser », la quantité n'est pas rachetée par la qualité. C'est toujours le même rythme : *trois huit vivo*, une espèce de menuet très alerte, qui n'est pas sans charme et sans élégance. On comptait, à ce qu'il paraît, plusieurs sortes de passepieds. Au moins c'est ce que nous raconte un petit livre assez rare, écrit en langue espagnole, et publié à Naples en 1745 sous le titre : *Reglos utilos para los aficionados* (amateurs, élèves) *à danzar* [1].

Suivant ce manuel chorégraphique, on avait, au XVIIIe siècle : *el Riejo passapié* (le vieux passepied) le *Dragon*, le *Passapié* de *Trompas*, de *Malo*, de *los Enamorados* (des amoureux), de *Pasqualin*, etc., etc.

Le vieux passepied était le plus en usage

1. Par don Bartolomeo Fernol y Boxerans.

et le *Dragon* était le plus récent, mais de provenance italienne.

Malgré toutes ces diverses étiquettes, c'était toujours le menuet dansé vite, c'est-à-dire quatre temps de danse sur trois temps musicaux. Quand nous aurons dit que le premier temps est un demi-coupé et que les autres sont « en fleuret », c'est-à-dire que le danseur fait un demi-coupé et deux pas marchés sur la pointe, on comprendra tout de suite la configuration de cette danse, qui a trouvé place dans tous les ballets, depuis Lully jusqu'à Gluck, en comprenant bien entendu le répertoire de Rameau.

* * *

Le *Rigaudon* fut inventé par un maître à danser provençal du nom de Rigaud, qu'il ne faut pas confondre avec l'archevêque de Rouen et sa cloche, dont Kastner raconte les faits et gestes, à propos de l'étymologie de l'expression vulgaire « Tire la Rigot ».

Quelques auteurs disent que notre Rigaud était maître des ballets d'Anne d'Autriche. Le fait, peu important, n'est pas entièrement prouvé, mais il est fort admissible.

Le Rigaudon était écrit à deux temps, sur un mouvement gai. Il était ordinairement divisé en deux parties, le second rigaudon, mineur, servant de trio. Comme pas, il se faisait sur place, sans avancer ni reculer; on pliait les genoux et on se relevait en sautant. Ce n'était pas, on le voit, d'une très grande difficulté d'exécution.

On trouve des rigaudons dans presque toutes les partitions de la première moitié du siècle dernier. Philidor en a écrit un dans *Ernelinde* (1767); c'est un morceau très bien fait, admirablement développé, et annonçant l'approche de la grande époque musicale de Gluck, Haydn et Mozart.

*
* *

La *Forlane* nous vient en droite ligne de l'Adriatique : c'est du Frioul, dont les habitants s'appelaient *Forlani*, que nos chorégraphes ont apporté cette danse, très usitée à Venise, surtout parmi les gondoliers. — Mesure *six-quatre* dans les vieilles partitions, plus naturellement *six-huit* dans une transcription moderne. — C'est alerte de rythme et pimpant au possible : une ressemblance réelle avec l'air des *Lanciers* ou la chanson, très populaire à Londres, de *Sir Roger Coverley*.

*
* *

En revanche, la *Gigue*, que l'on dansait sur le théâtre de l'Académie Royale de Musique aux XVIIe et XVIIIe siècles, n'avait aucun rapport avec la danse nationale des Anglais. C'était une danse assez gaie, d'une allure modérée, *six-huit*, mais sans originalité bien accusée. « Ménage croit que le mot *Gigue* vient du mot *giga*, sorte d'instrument dont le Dante fait mention [1]. »

*
* *

Nous allons finir cette étude en pleine paysannerie, avec la *Bourrée*, la *Musette* et le *Tambourin;* mais les bergères portent ici des jupons à panier et les bergers ont leurs houlettes coquettement enrubannées. Le tout encadré dans un paysage Watteau.

1. *Dictionnaire de la Danse.*

La *Bourrée* a sa provenance tout indiquée par le fait qu'elle est restée, à l'état de danse nationale, dans l'Auvergne, sa patrie. Elle a quelque rapport avec le Branle ; car elle est comme lui, de provenance fort ancienne.

Il existait beaucoup de variantes dans la figure de cette danse : pas de bourrée « avec fleurets dessus et dessous », pas de bourrée « ouvert, emboité », etc.

Le musicien qui a écrit les plus jolies bourrées est sans contredit Mouret, auteur de plusieurs divertissements exécutés aux fêtes de la duchesse du Maine, qui l'avait choisi pour être le surintendant de sa musique. Dans une des « Nuits de Sceaux », Mouret fit représenter avec beaucoup de succès *Ragonde ou la Soirée de Village.* La réussite accompagna cette bluette à son apparition sur la scène de l'Académie Royale de Musique (1742).

Les compositeurs de la première moitié du XVIIIe siècle, même le grand Lully, nomment quelquefois *louré* des airs à danser qui ont tout le caractère de la bourrée. Ne pourrait-on traduire de ce fait que le nom de l'un est un dérivé du nom de l'autre?

Lully, avec l'application de bourrées, a écrit

de très jolis airs de danse, témoin la bourrée de *Phaéton;* mais en général le pas et son nom ne semblaient point être assez *nobles* pour tous ces gens, entichés de noblesse et gonflés de majesté, qui faisaient de solennelles pirouettes sur les planches augustes de « l'Académie ». Aussi, sauf Mouret, qui composait surtout en vue des fêtes pseudo-villageoises du château de Sceaux, les musiciens du XVIIIe siècle ne nous ont pas laissé beaucoup de bourrées dans leurs opéras.

La *Musette* était écrite à deux ou à trois temps. La basse était le plus souvent « en tenues ou point d'orgue », d'après le *Dictionnaire de la Danse,* ce que nous devons traduire par les mots « en pédale » pour représenter le bourdon de la vielle. Ce genre d'air à danser abonde dans le répertoire et à propos de la Musette, le *Dictionnaire de la Danse* nous donne un paragraphe bien amusant. Le digne chorégraphe qui a écrit ce livre [1] a l'air de croire tout bonnement à l'existence d'une époque préhistorique où la *Bergerie,* érigée en système gouvernemental, déversait sur ses

1. Compan (1787).

sujets une avalanche de félicités sans bornes. Que l'on est heureux de savoir l'histoire de cette façon pittoresque! Jugez-en :

« *Dans l'ancien temps,* on voyait les bergers, ornés de guirlandes de fleurs, sur le soir, ramenant leurs troupeaux, tandis que Corydon faisait résonner sa musette. Les bergers, pour plaire à leurs belles et pour les engager, unissaient leurs danses à leurs sons de voix les plus doux et les plus flatteurs.

» On regrette de n'être pas habitant d'une contrée où l'on ne connaissait d'autre ambition que celle de plaire et d'autre occupation que celle d'aimer et d'être heureux. »

Virgile et ses *Bucoliques* avaient trouvé là un lecteur bien convaincu!

* *

Le *Tambourin* était moins usité que la Musette; il était trop spécial, trop *typique*, pour employer une expression moderne. Il devint seulement très à la mode vers la fin du siècle dernier, où l'on commençait à donner aux divertissements une couleur plus accusée.

Le mouvement était vif et à deux temps.

C'était la reproduction mitigée du rythme des *tambourinaires* provençaux, avec la flûte et le *galoubé* obligatoires.

Mais aussi, à la même époque, sur le théâtre et dans les bals du monde, on voit apparaître la danse qui fera disparaître bientôt les vieilles figures du temps passé : la *Contredanse*. On la trouve déjà dans les ballets de Méhul, de Grétry et de Kreutzer; dans les salons, la mode ne veut plus qu'elle, avec ses cinq figures parées de tous les noms célèbres de l'époque et des beaux danseurs du jour, Trénitz entre autres.

Dans le très curieux *Recueil révolutionnaire* de M. de Liesville, il existe une contredanse ayant pour titre de sa première figure le nom de la funèbre machine qui illustra le docteur Guillotin !

Que nous sommes loin du Menuet, du Tambourin, de la Musette et du Rigaudon !

Le sieur Javillier dansant une gavotte dans Castor et Pollux (1737)

TRANSFORMATION D'UN OPÉRA

AU XVIIIe SIÈCLE

Nous croyons sincèrement qu'il serait impossible, aujourd'hui, d'imposer au public *les Mystères d'Isis* arrangés comme ils le furent, en 1801, par un certain faiseur, nommé Lachnith, qui osa glisser ses éculubrations musicales dans la divine partition de Mozart *il Flauto Magico.*

Au Théâtre-Lyrique, lorsqu'on a exécuté *les Noces de Figaro* et que, pour les entr'actes, on s'est servi de fragments des symphonies et quintettes du maître, on vit des aristarques féroces crier au sacrilège, en fronçant leur sourcil olympien. Que diraient donc ces austères archaïstes, s'ils savaient qu'au XVIIIe siècle, l'Opéra n'a vécu que de reprises d'opéras célèbres dénaturés par des procédés bien plus étranges?

*
* *

Du reste, Lully a passé la seconde moitié de sa vie à replacer, sous de nouvelles appellations, la musique qu'il avait composée dans sa jeunesse. Cette petite manœuvre a été surtout employée pour ses airs de ballet.

Après Lully, cela devint une habitude constante. Les pastiches et les *Fragments* tinrent e haut bout dans le répertoire de l'Académie Royale de Musique. Nous pouvons citer entre autres :

Les (premiers) *Fragments de M. de Lully,* composés de *la Feste marine, la Sérénade vénitienne, la Bergère* et *Cariselli* (1702).

Télémaque, « *Fragments des Modernes* » (1704).

Autres *Fragments* de Lully ; la *Bergère, la Sérénade vénitienne, les Bohémiens, le Bal interrompu* (1708).

Quant aux *Festes vénitiennes*, opéra ballet en trois actes, de Campra et Danchet (1710), leur existence fut assez agitée. Le 17 juin, on joue sous ce titre : *le Triomphe de la Folie*, prologue, *la Feste des Barquerolles*, *les Sérénades et les Joueurs*, puis les *Saltimbanques*.

Le 8 juillet, *la Feste marine* (de Lully) remplace *la Feste des Barquerolles* .

La 8 août, on ajoute *le Bal ou le Maître à Danser:*

Le 5 septembre, on voit apparaître les *Devins de la place Saint-Marc*.

Le 14 octobre, c'est le tour de *l'Opéra ou le Maître à chanter*.

Le 6 décembre, on imagine une nouvelle combinaison : *le Carnaval de Venise, la Feste marine, le Bal et l'Opéra*.

Par ce moyen aussi simple qu'ingénieux, l'administration de l'Académie pouvait, sous un même titre, changer indéfiniment la composition de son spectacle.

Puis les *Fragments de Lully* recommencent leur glorieuse carrière. D'abord pendant quatre années : 1711, 1717, 1718 et 1731 ; puis, de 1748 à 1782, nous trouvons une quinzaine de *Fragments*, à l'aide desquels tous les compositeurs de l'époque viennent prendre leur place dans le répertoire. Cette façon peu recommandable de faire un ouvrage lyrique n'était pas la seule en faveur à l'Opéra. On avait aussi l'usage barbare de changer à tout propos les différents morceaux d'une partition célèbre, et cela se passait toujours ainsi pour les divertissements et les airs de ballet.

On avait bien soin surtout de conserver le titre et le nom des auteurs ; mais, sous ce couvert salutaire, les musiciens favoris de l'administration glissaient sournoisement les produits de leur plume.

*
* *

La bibliothèque musicale de l'Opéra possède plusieurs partitions où l'on retrouve les traces de cette amusante coutume. Nous allons en donner un des plus curieux spécimens.

Alcyone, de Marais et La Motte, fut jouée à Paris en 1706 avec un très grand succès. Le chœur des matelots du troisième acte et surtout la fameuse « tempeste » du quatrième acte sont restés célèbres. Tous les écrivains de cette époque nous racontent avec enthousiasme quel fut l'immense effet produit par cette merveille symphonique. On en trouvera le récit pompeux dans les *Anecdotes dramatiques* de Clément et l'abbé de la Porte.

Pour édifier complètement nos lecteurs sur la façon plus que naïve dont on dépeignait musicalement « la mer en courroux », sous Louis XIV, nous voudrions pouvoir décrire cette partition qui ne contient que cinq parties de cordes. Le *remplissage*, il devait y en avoir un, n'est point parvenu jusqu'à nous. Suivant un usage qui s'est continué jusqu'à Rameau, les dessus de violon sont écrits en clef de *sol* première ligne. On évitait ainsi les lignes supplémentaires, puisque les violons ne « démanchaient » que fort rarement. Quant aux basses de violon et à la basse continue, elles descendent jusqu'au *si bémol* grave.

Nous désirions rendre exactement la physionomie pittoresque, de cet embryon de « morceau de scène », aussi, nous avons dû appeler la photographie à notre aide pour reproduire ces triples, quadruples et même septuples croches, avec l'ondoiement dont le copiste avait cru devoir enjoliver son manuscrit, croyant sans doute indiquer ainsi le balancement des flots.

Telle qu'elle est, la tempête d'*Alcyone* a fait l'admiration de nos pères, et cela pendant tout le siècle dernier. Cet ouvrage a été repris cinq fois à la scène. La dernière « remise » est du 30 avril 1771. C'est à cette date que nous allons nous reporter, pour voir dans quel état on présentait alors au public l'œuvre de La Motte et Marais.

* * *

Le commencement du premier acte était à peu près joué comme autrefois. Mais à partir de la scène deuxième les innovateurs vont s'en donner à leur aise.

On intercale de vive force d'abord un menuet, une polonaise, et, sur la partition, nous lisons ces notes amusantes : « Après la polonaise, ensuite mettre les gavottes en *a mi la* de M. Berton ; ce sont celles qu'il avait faites pour l'acte de *Tibule* (*sic*) des *Festes grecques et romaines*. On passera les passepieds en *a mi la* qui finissaient le divertissement de cet acte.

Tempête
chœur
quel bruit

Après les gavottes, on yra à l'ariette gaye et gracieuse du troisième acte de *Camille*[1] et à la gigue qui suit cet ariette; après la gigue au récitatif : « On approche, etc. »

Au second acte, des changements et des additions sans nombre. Nous trouvons d'abord, à la page 70, l'indication suivante : « Mettre icy l'air des magiciens un ton plus haut, c'est-à-dire en *fa*. Cet air est de cet acte, page 91 ; il faut en prendre la première partie, comme M. Rebel l'a *accomodé* (*sic*) avec des bassons; et la seconde restera avec les parties du milieu, telle qu'elle est dans *Alcyone*, et les bassons joueront la même partie à la moitié *viste* de cet air. »

Quelques remords ont dû saisir l'esprit du metteur en scène, puisque nous trouvons plus loin au chœur lent : « Phorbas et Ismène chanteront ce chœur; le remettre comme il était et en *supprimer toutes les additions* dernièrement faites, tant dans les parties de l'orchestre que dans celles du chant. »

Malheureusement ce bon mouvement ne dure guère, comme nous l'apprend la page qui suit :

1. *Le Triomphe de Camille*, pot-pourri.

« Après ce chœur, mettre l'air des démons en *mi* et à deux temps *viste* du quatrième acte de *Scilla et Glaucus* de M. Lecler[1] et le chœur qui suit cet air... Après le chœur du quatrième acte de *Scilla et Glaucus*, il faut aller immédiatement au morceau. Prenez garde au *retranchement* du prélude et au *changement* du chant. Les parties du milieu sont *acomodées...* » par M. Rebel sans doute.

Enfin l'on revient, après toutes ces pérégrinations dans le répertoire, à la musique du vieux violiste Marais.

Au troisième acte nous trouvons une matelote et un prélude ajoutés, puis un récit et un chœur du *Carnaval et la Folie* de Destouches, un air de *Medée et Jason* de Salomon, deux tambourins, l'un des *Plaisirs champestres*[2], l'autre de la *Proserpine* de Lully.

Nous ne pourrions citer un à un tous les

1. Leclerc. Grâce à l'orthographe fantaisiste qui règne dans toutes ces notes manuscrites, nous les attribuons à Francœur, qui était coutumier du fait. Voir, comme exemple, son journal de 1785 à 1790, aux archives de l'Opéra.

2. Que l'on appelait aussi : *Plaisirs de la campagne.* (Bertin.)

changements dont cette pauvre partition d'*Alcyone* est accablée. Nous nous contenterons de rapporter encore les deux notes suivantes :

Au quatrième acte : « Allez à la symphonie à trois temps des flûtes et violons à la page 259 du quatrième acte de *Pirrhus*, opéra de M. Royer, et suivez jusqu'à la page 261. Observez bien les changements de paroles du petit chœur de femmes et la reprise de ce petit chœur à l'endroit où elle est marquée... On yra à la gavotte en *sol mineur*, meslée de flutes et de bassons, *qui est de M. Rebel*, et qu'il avait *ajoustée* au second acte d'*Amadis*, dans l'enchantement. On reviendra ensuite au morceau... »

Cette heureuse pensée ne subsiste pas longtemps, puisque nous lisons plus loin :

« Après qu'on aura chanté entièrement ce morceau, on finira le divertissement des prêtresses de Junon par l'air de M. Berton qui est en *six-huit*, en *sol mineur*, et qui était *ajouté* au quatrième acte d'*Iphigénie*. Après l'air de M. Berton-on reviendra à la *simphonie* d'*Alcyone.* »

C'est fort heureux !

Le cinquième acte nous donne le bouquet :

« Après ce morceau *Aimons-nous* (que l'on a du reste fort amélioré au point de vue de la mesure et du rythme), après ce morceau, *allés* au chœur à trois temps en *sol tierce mineur* (*sic*) qui finit l'acte de *Phillis et Démofon* (*sic*); après ce chœur, mettre l'air de M. Garnier que j'ai donné à M. Durand[1] et qui est *remis* en partition *par M. Berton.*

» Après cet air et sans aucune interruption, on ira à l'air en *mi* du troisième acte du *Prince de Noisy*[2], qui est à deux temps et qui sera suivi de l'ariette de M. Garnier, qui était à la fin de *Tancrède* et que M. Rebel donnera à M. Durand lorsque *les paroles* de cette ariette, *par quelques changements* pourront être dans la bouche de *Ceix*[3] qui la chantera. Après cette ariette, on mettra la chacone qui finissait *le Prince de Noisy* et par laquelle on finira l'opéra d'*Alcyone.*

1. Le copiste de l'Académie.
2. Partition de Rebel et Francœur.
3. Un des personnages d'*Alcyone.*

» M. Durand voit que tout ce qui suit cette indication *devient nul* dans le reste de la partition. »

N'est-ce pas tout à fait amusant? Et, pour rendre la chose plus piquante, il faut se souvenir que Berton était un des quatre directeurs de l'Opéra à cette époque; que Francœur était « maître de musique », c'est-à-dire chef d'orchestre, et que Rebel, ancien directeur, pensionné de 9,000 livres, était l'ami et le collaborateur des deux autres. Ces administrateurs, trouvaient ainsi le moyen de placer des fragments de leur musique dans l'ouvrage de ce pauvre Marais, qui, depuis 1728, n'avait plus la faculté de faire entendre la moindre réclamation.

Les directeurs contemporains qui font jouer leurs pièces ne constituent donc pas précisément une nouveauté, puisque le XVIIIe siècle leur a donné l'exemple.

Nous devons reconnaître que la critique du temps approuve fort ce procédé. Nous n'avons pour nous en convaincre qu'à lire le *Mercure de France* du mois de juin 1771, et à lui emprunter cette jolie phrase enrubannée:

« Les talents distingués dont ce théâtre (l'Opéra) est orné *ont rajeuni*, autant qu'il était possible, les charmes que le temps ôte souvent aux arts agréables. »

Puis l'auteur du *Mercure* (comme on disait alors) raconte la douleur, plus ou moins récréative de la fille d'Éole et jette les plus odorantes fleurs de sa rhétorique sous les pas des sieurs Legros, L'Arrivée, Gardel, Vestris et des demoiselles Beaumesnil, Guimard et Heynel.

« Le tout lû par ordre de Monseigneur le Chancelier et approuvé, avec privilège du Roy. »

UN PLAGIAT EN 1785

Les compositeurs dramatiques se plaignent amèrement des difficultés sans nombre qui les arrêtent à chaque pas. Malheureusement, ils n'ont pas tort de se plaindre et peut-être même auraient-ils le droit de crier encore plus fort.

Mais, à toutes les époques et sous tous les régimes, ces avanies et ces déboires ont existé pour les compositeurs de théâtre ; il semblerait que c'est un privilège peu enviable et inhérent à leur profession. Ne savons-nous pas que Cambert, l'auteur de *Pomone,* fut dépossédé de son privilège par un heureux rival, Jean-Baptiste Lully ? Mais connaissons-nous l'histoire de toutes les tempêtes et de toutes les révolutions qui ont dû gronder dans les baraques de la Foire Saint-Laurent et dans le sein des confréries, plus anciennes encore, de Saint-Julien des Ménétriers et des Frères de la Passion? Partout et toujours, il a existé des luttes, des rivalités, des conflits d'amour-propre, et, pour augmenter la malechance des musiciens, ne faut-il pas compter sur tous ces incidents imprévus et funestes qui, dans la vie dramatique, constituent l'existence de chaque jour? De là, des déceptions incessantes, des ruptures, des découragements à l'infini; et, plus tard, un archiviste curieux et chercheur retrouve, au fond des rayons d'une bibliothèque, une œuvre, signée d'un grand nom d'artiste, mais reléguée, poudreuse, inédite et sans qu'aucun catalogue en ait fait la moindre mention.

On ne sait pas combien les archives de l'Opéra possèdent de ces partitions qui ont été reçues, copiées, répétées au foyer, souvent même à l'orchestre et qui n'ont jamais eu, pourtant, les honneurs de la représentation.

L'histoire en sera faite peut-être un jour;

et l'on sera étonné de voir figurer sur cette liste des œuvres composées par Monsigny, Berton, Sacchini, Zingarelli, Pierre Candeille et tant d'autres, sans compter les modernes, — Halévy est du nombre — et sans compter aussi les musiciens inconnus ou oubliés.

*
* *

Parmi tous ces ouvrages déshérités, nous avons choisi *le Premier Navigateur ou le Pouvoir de l'Amour;* il nous a semblé présenter le plus d'intérêt, tant par la valeur du musicien que par les circonstances bizarres qui en ont empêché la représentation.

André Danican-Philidor commença cet ouvrage en 1772. Il était alors dans toute la maturité de son talent. Ses succès de *Blaise le Savetier*, du *Soldat magicien,* à l'Opéra-Comique, de *Tom Jones* aux Italiens et d'*Ernelinde, princesse de Norvège* (première version) à l'Académie Royale de Musique, l'avaient placé très haut dans l'opinion publique. Philidor avait donc le droit de se mettre au travail, sans craindre d'être en butte aux multiples tracasseries qui font ordinairement cortège aux musiciens débutants.

Fenouillot de Falbaire était son collaborateur. Deux ans auparavant, cet auteur avait fait représenter, avec Grétry, *les Deux Avares*, aux Italiens.

Philidor et Falbaire destinaient *le Premier Navigateur* à ce même théâtre; mais ils le retirèrent bientôt, à la suite d'une assez vive discussion entre auteurs et artistes.

Trial, qui fut, quelque temps après, chargé de la réception des pièces nouvelles, redemanda l'ouvrage pour l'examiner à nouveau; malheureusement, cette démarche n'aboutit pas à une solution définitive.

L'Académie Royale de Musique avait aussi un examinateur pour la « mise » des pièces. Ce haut fonctionnaire fit miroiter une lueur d'espoir aux yeux du « poète », en l'engageant à remanier son ouvrage pour l'Opéra et à écrire même un prologue pour donner encore plus d'importance à la pièce.

Lorsque Falbaire eut terminé sa tâche, il vint trouver Philidor; mais le musicien ne se rendit pas tout de suite aux désirs de son collaborateur. La partition était à peu près en état d'être jouée aux Italiens et Trial la redemandait toujours; tandis que, pour la faire représenter à l'Opéra, il fallait la remanier entièrement, fairedes récitatifs et ce fameux prologue qui ne souriait nullement au compositeur. Et, quand même, après avoir accepté de faire ce long travail, était-il bien sûr de voir son ouvrage entrer triomphalement dans le répertoire de « l'Académie »?

*
* *

Amelot de Chaillou était, à ce moment-là, secrétaire d'État, chargé des Menus-Plaisirs et, conséquemment, administrateur de l'Opéra. Philidor voulut avoir l'assentiment du ministre ; il attendit sa réponse, qui fut favorable. Amelot de Chaillou écrivit *lui-même* à Falbaire la lettre suivante, qui accompagnait le retour des deux manuscrits de sa pièce :

« Versailles, 23 juin 1782.

» Vous retrouverez ci-joint, monsieur, les deux manuscrits intitulés *le Premier Navigateur*. J'ai lu avec plaisir celui destiné pour l'Opéra et je ne doute point que le public ne le voie avec satisfaction, si le musicien y donne tous les soins qu'il mérite. »

Une lettre aussi précise détermina la résolution de Philidor ; mais, en véritable joueur qu'il était, il voulut avoir les *grosses pièces* dans son jeu ; il alla trouver Amelot de Chaillou, qui lui répéta ce qu'il avait écrit à Falbaire et lui promit que rien ne serait négligé, à l'Opéra, pour rendre son succès durable et fructueux. En attendant, Philidor avait besoin d'argent ; mais son collaborateur était si convaincu de voir bientôt leur ouvrage sur l'affiche de l'Académie, qu'il prêta à son musicien la somme de huit cent quarante livres ; Philidor signa un *mandat de remboursement* sur le caissier du théâtre, qui payait « les honoraires des auteurs ». Hélas ! le pauvre Falbaire avait un billet qui ressemblait fort à celui de La Châtre !

André Philidor se mit au travail et bientôt, laissant de côté le prologue, demanda à entrer immédiatement en répétition ; mais Amelot de Chaillou tenait à ce fameux prologue, comme le prouve la lettre suivante, adressée à Falbaire.

« 25 août 1782.

« Soyez persuadé que je veillerai à ce qu'on ne néglige rien pour que cet ouvrage ait tout le succès qu'il mérite d'avoir. J'avais déjà fait connaître à M. Philidor que je désirais vivement qu'il mît le prologue en musique, parce que j'en attendais le plus grand effet. D'après votre lettre, je l'ai fait presser de nouveau à ce sujet et il a promis d'y travailler et d'y donner tous ses soins. »

* * *

A la fin de cette année-là (1782), la partition fut exécutée devant tout le Comité et fut bien accueillie ; mais nous ne savons par quelle suite de circonstances fâcheuses les répétitions ne commencèrent... qu'en 1784. Avec les répétitions, les déconvenues vinrent à la file désespérer le malheureux musicien.

D'abord Amelot de Chaillou ayant été remplacé « aux Menus » par le baron de Breteuil, l'influence ministérielle ne protégeait plus les auteurs ; c'était la grosse affaire. Ensuite, Gardel « l'aîné », le fameux Maximilien

Gardel, l'un des plus célèbres maîtres de ballet de l'Opéra, avait été chargé de régler la chorégraphie du *Premier Navigateur*. Cette bergerie lui plut, à ce qu'il paraît ; il parvint à faire retarder les répétitions de l'ouvrage, fit peindre, par-dessous main, des décorations, construisit tant bien que mal une espèce de livret, et, avec des airs détachés de tous les divertissements du répertoire, écrivit une partition quelconque, et... le mardi, 26 juillet 1785, *le Premier Navigateur ou le Pouvoir de l'Amour*, ballet-pantomime en trois actes, fut représenté pour la première fois sur la scène de l'Académie Royale de Musique.

Philidor eut beau se mettre en colère, envoyer force suppliques et récriminations au baron de Breteuil ; rien n'y fit. La partition du grand musicien alla dormir dans la poussière des archives de l'Opéra, et c'est là que l'auteur de cette étude a trouvé un second *Premier Navigateur*, dont on ignorait l'existence.

Malheureusement, cette partition n'existe plus ; on a seulement copié les rôles et les parties de chœurs et d'orchestre ; il est difficile de juger un ouvrage dans ces conditions. Pourtant, à la lecture, on sent l'empreinte d'une main exercée; les chœurs sont fort bien écrits. Dans le prologue, un chœur d'hommes des *suivants d'Éole* ferait, il nous semble, de l'effet à l'exécution. Quant au « poème » de Fenouillot de Falbaire, il est absolument ridicule; nos pères avaient vraiment des goûts forts étranges en fait de littérature théâtrale, et personne ne comprendrait maintenant par quelle aberration d'esprit, Gardel a pu commettre une action déloyale envers Philidor, en lui dérobant un sujet aussi nul.

* * *

Ce sujet est tiré du poème de Salomon Gessner, l'auteur des *Idylles*, poème imprimé à Zurich, patrie de Gessner, avec le même titre, vers l'an 1762. On attribue au grand Turgot la traduction de cette insipide bergerie, bien qu'elle ait paru à Paris en 1764, — format in-12, — sous la signature d'un nommé Hubert. La même année vit naître une autre traduction avec le titre : *le Premier Marin*, poème en quatre chants, traduit de l'allemand par de Selonières, officier, — Sedan 1764, — format in-12.

La pièce du *Premier Navigateur* pourrait même ne pas être inédite : sous le nom d'Anseaume et le titre de *Sémire et Mélide ou le Navigateur*, nous trouvons une pastorale lyrique en deux actes — 1773, — format in-8 ; en 1799, nouvelle édition sous le titre de *Mélide ou le Navigateur*, avec un troisième acte nouveau.

Enfin, cette pièce a été réimprimée dans les œuvres d'Anseaume, sous le titre du *Premier Navigateur*, pastorale lyrique. Ce nom d'Anseaume, qui vient ici à l'improviste, aurait le droit de nous étonner, si nous ne savions déjà, par la *Décade philosophique* de l'an XI, que Falbaire avait cédé *tous ses droits* à Gardel pour avoir la jouissance de ses entrées à l'Opéra. De là à faire paraître la pièce sous le nom d'Anseaume, il n'y a qu'un pas. Que de vilenies pour une pièce inepte ! La seule excuse que l'on puisse présenter pour la défense de Gardel, c'est que le sujet avait déjà beaucoup de maîtres.

*
* *

Il n'y avait pas lieu de se donner tant de

peine; qu'on en juge par ce simple compte rendu :

Dans les temps fabuleux des Daphnis et des Corydons, une presqu'île est séparée de la terre ferme par une horrible tempête. Un ménage de bergers, le père, la mère et leur toute petite fille, se trouve brusquement arraché au commerce des autres humains.

Depuis cette catastrophe, plusieurs années se sont passées; le père est mort et l'enfant a grandi. Un berger habitant la terre ferme, le bel Amyntas, a vu dans un songe la jeune insulaire; il veut à toute force se rapprocher d'elle et s'en faire aimer. Comment faire? On ignore encore à cette époque les premiers principes de la navigation, et l'île est trop éloignée pour s'y rendre à la nage; mais l'amour est ingénieux et suggère à Amyntas l'idée de dépouiller un arbre de son écorce et, dans ce léger esquif, d'aller rejoindre l'amante qu'il a rêvée.

Cette pièce, par sa forme naïve, atteint les proportions les plus extrêmes du comique de situation. Les bouffonneries de l'opérette moderne ne dépasseront jamais les limites des drôleries que nous donne *le Premier Naviga-*

teur, écrit de sang-froid et avec une conviction entière. Nous allons citer quelques vers seulement; on jugera du style par ces différents fragments :

Ah! pardonne, amante trop chère,
Pardonne et ne t'afflige pas.
Avant de t'aimer, *j'eus un père*,
Et je revole dans ses bras.

Amyntas veut ramener la mère et la fille sur la terre ferme; mais « son écorce » ne peut porter que deux passagers. Il y a là un combat de générosité tout à fait divertissant.

MÉLIDE.

Viens, ma mère!

AMYNTAS.

Cet arbre ne saurait nous contenir.

SÉMIRE.

Ah! Dieux!

AMYNTAS.

Je ne puis amener que l'une de vous deux!

MÉLIDE.

Moi, que je t'abandonne?

SÉMIRE.

Oui, ma fille, je te l'ordonne!

MÉLIDE.

Non, ma mère, non jamais!
Dans ses bras je te remets.

AMYNTAS, très fort.

Dieux ! comme elle aime sa mère!
Et moi, j'oubliais mon père !

Tu ne sais pas, beauté charmante,
Quels périls j'ai bravés pour toi!
Sur une *écorce flottante*,
J'ai franchi la mer écumante,
Pour venir te dire : « Aime-moi! »

Approche, *créature aimable*,
A mes côtés place-toi.

*
* *

Nous devons reconnaître que les détails du livret de Gardel n'ont que peu de rapports avec la pièce de Falbaire. Le maître de ballet n'a pris que le titre et le fond du sujet. Ses bergers dansant sont encore plus ridicules que les bergers de l'Opéra; Gardel les a entourés d'amours plus ou moins gentils et de nymphes court vêtues ; mais il n'en est pas moins vrai qu'il a commis sciemment une mauvaise action en prenant à deux auteurs un sujet dont ils étaient possesseurs avant lui, et que l'administration de l'Opéra lui avait confié pour en régler les danses. Il y a là un plagiat parfaitement accentué et rien ne peut absoudre le coupable.

Et, d'ailleurs, qui sait? cette partition, que l'on pourrait reconstituer à l'aide des parties séparées, mais que le public n'a pas connue, par le fait de sa non-exécution et cela grâce à la conduite déloyale de Gardel, cette partition aurait peut-être été un ouvrage de premier ordre, digne en tous points du beau talent de Philidor!

INTRODUCTION DU TROMBONE DANS L'ORCHESTRE DE L'OPÉRA

Je n'ai nullement l'intention de faire ici une étude d'instrumentation, ni surtout d'affliger mes lecteurs d'une méthode de trombone à coulisses ou à pistons. Tout en déplorant la façon malheureuse dont nos compositeurs modernes abusent de ces forces sonores, je puis faire remarquer qu'il n'existe pas, aujourd'hui, un orchestre, si petit qu'il soit, qui ne possède au moins un tromboniste. J'ai donc cru qu'il serait intéressant de rechercher à quelle époque précise, ce « point d'appui » de l'instrumentation moderne a pris place dans les partitions de nos pères.

*
* *

Il n'y a pas encore un siècle que le trombone fit sa première apparition à l'Opéra. Comme la clarinette, dont je ferai peut-être aussi l'histoire un jour, le trombone nous est venu d'Allemagne. D'après le *Journal de Francœur*, c'était dans ce pays que l'on fabriquait les instruments, et tout nous fait supposer que les instrumentistes avaient la même origine.

Il est d'abord certain qu'un instrument en cuivre, ayant beaucoup de rapports avec le trombone et que l'on nommait *sacquebute*, était très usité en Allemagne, et cela dès le XIVe et le XVe siècle. On sait de plus qu'au XVIIe siècle, on s'en servait dans les églises pour accompagner les voix du chœur et le plain-chant.

Ensuite, comme document, nous trouvons dans le compte rendu du Comité de direction de l'Opéra, à la date du 15 mai 1786, la note suivante : « Décidé qu'il sera donné quatre cents livres à M. Louis *pour faire venir des trombones d'Allemagne.* »

Puis, à la date du 25 juin dans la même année : « Convenu que, sur la somme donnée à M. Louis pour achat de trombones, M. Louis remettra, après avoir retenu le port desdits instruments, la somme d'environ soixante et douze livres qu'il avait reçues de trop. Cette affaire est totalement terminée. »

Pour savoir la nationalité des trombonistes et la date de l'introduction du trombone à l'orchestre, nous n'avons qu'à consulter *les états d'émargement* conservés aux archives de l'Opéra.

Nous y lisons quatre noms qui ont, sauf le dernier, une physionomie éminemment tudesque : Sieber, Moser, Braun et Nau ; nous apprenons ensuite que Braun et Nau sont entrés à l'Opéra en 1774 et en 1775. — N'oublions pas ces deux dates.

Suivant un usage traditionnel de l'Académie, les symphonistes étaient souvent engagés à remplir simultanément plusieurs fonctions. Sieber jouait du *cor* et de la *harpe* et ne recevait pourtant que huit cents livres par an, pour ces deux talents si dissemblables ; tout comme un nommé Louis, *basse du grand chœur,* qui donnait du *cor de chasse,* aux appointements de sept cents livres, et Le Marchand, qui émargeait six cents livres, « tant comme basson que pour jouer du tambourin ». Quant à un membre de la célèbre dynastie des Caraffe, Caraffe 2e, premier violon, les *états d'émargement* ajoutent au-dessous de son nom : « *lui*, pour jouer du violon et *battre* les timbales. » Caraffe avait, *lui*, douze cents livres. Peut-être avait-il trouvé le moyen de jouer ses deux parties en même temps! Braun, un des futurs trombonistes, était entré « tant comme trompette que pour jouer du cor ». Cette promiscuité nous semble étrange ; mais tel était le règlement de l'Académie, et il n'y avait à faire aucune objection.

Il est indubitableque Braun fut engagé à l'Opéra, en 1774, pour jouer la partie de trombone d'*Iphigénie en Aulide*, le 19 avril ; le 2 août de la même année, il a tenu une des parties de trombone d'*Orphée*, dans la magnifique scène des Enfers, avec ses deux collègues, Moser et Sieber. Pourtant le trombone ne figure pas encore sur les états ; en 1778 et en 1779, les quatre musiciens — Nau étant entré en 1775 — sont appelés cornistes ; en 1780, on voit figurer cette triple dénomination, suivant le cumul usité à l'Opéra : cors, *trombes* et trompettes ; mais, en 1784, nous nous rapprochons de la véritable appellation ; on lit : deux *trombons* et trompettes. Le trombone se serait donc appelé d'abord trombe et trombon.

Je crois qu'il est facile d'expliquer cette anomalie. Dans toutes les partitions de cette époque, et même plus tard, les compositeurs employaient le terme italien : *tromboni*, et les employés de la caisse, peu versés dans la langue usicale, francisaient, à leur fantaisie, le nom du nouvel instrument.

*
* *

C'est Gluck qui nous a donné le trombone. Il n'y a pas d'erreur possible. Cette vérité est déjà venue jusqu'à nous à l'état de tradition et de légende; mais la date d'entrée de Braun, coïncidant avec la date de la première représentation d'*Iphigénie en Aulide*, lève toute espèce de doute.

En revisant les parties d'orchestre de la bibliothèque de l'Opéra, j'avais cru un instant que Philidor avait été l'introducteur du trombone à l'orchestre, puisque trois trombones figurent dans *Ernelinde;* mais un examen plus sérieux de la partition est venu me convaincre tout à fait que c'était à Gluck que nous devions le trombone.

En effet, dans le quatrième acte de la deuxième version d'*Ernelinde* (avec les paroles de Sedaine), trois trombones accompagnent *piano*, et en procédant par entrées, le beau chœur « O Mort, nous t'implorons ! » Ce même chœur existe dans la première version en trois actes ; mais les trombones n'y sont pas encore.

Les deux dates d'*Ernelinde* donnent la raison de ce changement : *Ernelinde* a été jouée en 1767, pour la première fois, et ne fut reprise qu'en 1778, avec sa seconde version en cinq actes ; dans cet intervalle, Gluck avait donné trois de ses œuvres immortelles : *Iphigénie*, *Orphée* et *Alceste*.

Philidor avait profité de l'exemple du grand maître.

Gluck, en nous donnant le trombone, avait indiqué en même temps la façon dont on devait l'employer. Il réservait sa sonorité stridente et nerveuse aux situations dramatiques. Aussi, pendant longtemps, les compositeurs eurent le bon goût de ne jamais s'en servir pour les opéras de demi-genre. Ce sont les compositeurs de ballet qui ont commencé le tapage cuivré dont nous jouissons à l'heure présente.

Le bon Grétry a résisté, autant que possible, à l'invasion de l'instrument venu d'Allemagne. A la fin de sa carrière, il a été obligé d'oublier ses vieilles habitudes d'instrumentation timide et douce.

Céphale et Procris (1775), — *Andromaque* (1780), — *la Caravane du Caire* (1784), — *Panurge* (1785), — *Aspasie* (1789) en sont encore réduits aux deux cors, deux trompettes et timballes d'usage.

Anacréon chez Polycrate (1779) possède ses trois trombones, comme les autres opéras du temps.

Piccini a conservé jusqu'à *Iphigénie en Tauride* le vieil orchestre italien. A ce dernier ouvrage seulement, il a imité son redoutable adversaire.

*
* *

Voici, par ordre chronologique, les partitions qui contiennent des trombones, lesquels sont toujours écrits à trois parties : trombone haute-contre, en clef d'*ut*, troisième ligne ;

trombone taille, en clef d'*ut*, quatrième ligne; et trombone basse, en clef de *fa :*

Apelles et Campaspe, ballet de Rodolphe (1776);
Écho et Narcisse, de Gluck (1779);
Électre, de Lemoyne (1782);
Alexandre aux Indes, de Le Froid de Méreaux (1783);
Les Danaïdes, de Salieri (1783);
Didon, de Piccinni (1784);
Dardanus, de Sacchini (1784);
Péronne sauvée, de Dezède (1785);
Pénélope, de Piccinni (1785);
Œdipe à Colone, de Sacchini (1787);
Alcindor, de Dezède (1787);
Les Deux Démophon, de Cherubini et de Vogel (1789);
Nephté, de Lemoyne (1790);
Louis IX en Égypte, de Lemoyne (1790);
Cora et Alonzo, de Méhul (1791;
Corisandre, de Langlé (1791).

A partir de cette époque, les trombones figurent à peu près dans toutes les partitions, surtout dans les ballets. Ainsi, dans *Bacchus et Ariane,* ballet mythologique s'il en fut, le compositeur Rochefort emploie très souvent les trois trombones.

Ordinairement, dans les ouvrages plus sérieux, comme je le disais tout à l'heure, les trombonistes avaient leurs parties peu chargées ; ils pouvaient très facilement se consacrer à d'autres fonctions et jouer du cor, de la trompette ou de la harpe, comme Braun, Silber et Nau.

Je vais citer un exemple qui montrera tout à la fois et la conscience des compositeurs, et la bonne volonté exemplaire des symphonistes de la génération qui nous a précédés.

Nous trouvons, dans *Daphnis et Pandrose,* de Méhul, la partie de trombones ainsi formulée :

ACTE PREMIER. — Du numéro 1 au numéro 10, *tacet.* Numéro 11 (lent, en *la*), deux rondes, puis trente et une mesures de pause

ACTE II. — Jusqu'au numéro 19, *tacet.* Numéro 20 (*Allegro* vivace), dix-neuf pauses. *Andante ;* trois mesures de pause, point d'orgue. *Allegro :* soixante-quatorze mesures de pause. *La mineur :* douze mesures de pause. Ritournelle de violon : quatre mesures. Enfin, les trombonistes embouchent leur instrument ;

mais ce n'est que pour faire entendre quatre rondes et une noire *fortissimo*. Ils attendent cinq mesures, jouent pendant deux mesures et demie avec trois *ff* et leur rôle est terminé : *dix notes chacun.*

« Ah! le beau temps que c'était là »... pour les trombones!

SPONTINI

LA VESTALE ET FERNAND CORTEZ

HISTOIRE DE CES DEUX OUVRAGES

Depuis quelques années, nous voyons se produire dans tous les rangs de la société un désir manifeste de connaître et d'apprécier les chefs-d'œuvre de nos anciens maîtres.

Mais il est un obstacle sérieux aux reprises de ces partitions célèbres : c'est l'abandon absolument complet où l'on a laissé le vieux répertoire. Les traditions se sont perdues.

Plus heureux que l'Opéra, le Théâtre-

Français a pu maintenir sur ses affiches les grands noms de Racine et de Corneille : les œuvres impérissables de Molière n'ont jamais été abandonnées, et même les comiques de second ordre, tels que Regnard, Lesage et Sedaine, ont laissé des pièces qui reparaissent quelquefois devant le public.

Et ce public, qui connaît et apprécie les vieilles tragédies héroïques et les comédies classiques, sait à peine les noms des anciens opéras, si ce n'est peut-être ceux d'*Alceste*, d'*Orphée* et d'*Iphigénie en Tauride*, de Gluck, qu'on lui a fait entendre, il y a quelques années! A l'heure présente, ce souvenir s'efface même chaque jour.

Le vieux répertoire ayant été totalement délaissé, les interprètes manqueraient aux œuvres, et il serait maintenant difficile, si ce n'est impossible, d'exécuter dignement les deux *Armide*, celle de Lully et celle de Gluck ; *Castor et Pollux*, *Dardanus* ou *Hippolyte et Aricie*, de Rameau ; *Roland* ou *Didon*, de Piccinni ; *Œdipe à Colone*, de Sacchini, et tant d'autres partitions que nos pères ont acclamées.

Le mal est regrettable, sous différents points

de vue; mais il existe. Est-il sans remède? L'avenir seul nous l'apprendra.

Moins loin de notre époque que les grands noms cités plus haut, nous avons toute une génération de musiciens, qui a précédé l'école moderne, et qui possédait encore la manière des maîtres du XVIIIe siècle : des récitatifs superbes, une allure magistrale dans la coupe des morceaux, un style noble et pur, une grande élévation dans les idées.

Parmi ces œuvres, nous pouvons citer comme exemples : *les Abencerages* et *Ali-Baba*, de Cherubini; *Stratonice* et *Adrien*, de Méhul; *les Bardes*, de Lesueur, et surtout *la Vestale* et *Fernand Cortez*, de Spontini.

Il y a dans ces différents ouvrages des morceaux d'une très haute valeur, et nous croyons fermement que leur « remise à la scène », comme on disait autrefois, produirait un très grand effet.

*
* *

L'œuvre du dernier de ces maîtres, en y comprenant même *Pélage* et *Olympie*, est fort curieux à examiner de près. Aussi avons-nous tenu à étudier les deux principaux ouvrages de

Spontini, *la Vestale* et *Fernand Cortez*, et à en faire l'objet d'un travail approfondi.

Spontini était un artiste d'une conscience extrême. Pendant les répétitions, il fit subir à sa *Vestale* de nombreux changements. Quant à *Fernand Cortez*, malgré le succès qui accueillit cette partition, en 1809, le maître la refit deux fois : d'abord, en retranchant, après la première représentation, quelques longueurs, quelques redites, et en ajoutant un nouveau personnage; ensuite, en 1817, en la refondant du tout au tout.

Partitions et livrets en main, nous avons suivi attentivement les différentes phases du travail de Spontini, que son génie aurait dû préserver de l'oubli où le laisse la génération actuelle.

* * *

L'auteur de *la Vestale* est une des physionomies musicales les plus curieuses à examiner. Comme Gluck, comme Cherubini, comme Sacchini, comme Rossini, comme Meyerbeer, c'est à la France qu'il a donné ses œuvres les plus remarquables. C'est après être venu à Paris et y avoir étudié notre théâtre, que Spontini a donné à son talent un magnifique essor.

Nous pouvons expliquer, en quelques mots, ce fait indiscutable, qui est tout à la gloire de notre pays.

L'art dramatique français possède une qualité inhérente à son essence même, un mérite propre qu'aucune autre nation ne peut lui disputer : c'est la vérité scénique. Nulle part, les sentiments du cœur, les impressions morales ne sont aussi bien rendus que sur notre théâtre ; aussi, les musiciens de génie et de talent que nous venons de nommer, ayant en eux, soit le don mélodique de l'école italienne, soit la force harmonique et la science des développements de l'école allemande, ces musiciens, disons-nous, sont devenus complets en écrivant pour la scène française ; car ils lui ont emprunté ce qu'ils ne pouvaient avoir dans leur pays : la vérité scénique, sans laquelle le théâtre n'existe pas.

Spontini nous donne un des exemples les plus frappants que nous puissions offrir à l'appui de notre opinion. Il avait composé, avant son arrivée en France, une quinzaine

8.

d'ouvrages, fort honorables sans doute, mais n'ayant pas la moindre originalité, la moindre empreinte d'invention. Ces opéras étaient du nombre de ces improvisations hâtives auxquelles s'habituent la plupart des compositeurs italiens.

Le maître débuta, à Paris, par la reprise d'un de ses anciens opéras : *la Finta Filosofa* (février 1804), qui réussit assez bien. Il n'en fut pas de même pour un ouvrage en un acte, joué la même année à l'Opéra-Comique : *Julie*, et d'une pièce en trois actes intitulée : *la Petite Maison*. La première représentation de celle-ci ne put être achevée, grâce au livret, qui déplut souverainement au public.

Spontini ne perdit pas courage, malgré ces deux échecs successifs et la grande animosité qui existait alors entre les deux écoles italienne et française. Le Conservatoire, qui commençait à donner signe de vie, était le camp retranché d'où partaient les mots d'ordre et de ralliement. C'était, en un mot, un diminutif de la guerre des lullistes contre les bouffonnistes et des gluckistes contre les piccinnistes.

Heureusement pour le compositeur italien, il fit la connaissance d'un des principaux

« librettistes » de cette époque, M. de Jouy (qui se nommait tout simplement Étienne, né au petit village de *Jouy*, près Versailles). M. de Jouy avait proposé un poème intitulé : *Julia ou la Vestale*, à Méhul et à Cherubini. Ces deux musiciens n'avaient pas trouvé cette pièce à leur convenance et l'avaient refusée successivement. M. de Jouy crut à l'avenir de Spontini et vint lui offrir d'entrer en collaboration avec lui. C'était un coup de fortune pour le musicien, que la malechance avait poursuivi depuis son arrivée à Paris. La proposition de Jouy fut donc acceptée avec joie, et Spontini se mit au travail.

*
* *

Les critiques cruelles qui lui avaient été adressées, à propos de ces deux malheureux opéras joués à Feydeau, les observations, les remarques qu'il avait faites lui-même, en voyant interpréter la musique de ses confrères, avaient ouvert de vastes horizons dans la pensée de Spontini. Il avait compris tout de suite ce qui lui manquait pour faire « grand », pour élever sa manière au niveau des génies qui l'avaient précédé sur la scène française, génies qui s'étaient nommés Lully et Gluck; son procédé italien lui parut mesquin et mièvre. Il résolut donc d'ennoblir son style, de dramatiser ses idées, enfin de rendre siennes les beautés de forme qui lui faisaient tant admirer les œuvres des maîtres passés

Au milieu de ces préoccupations sérieuses, il eut le temps d'écrire et de faire jouer avec succès, au théâtre Feydeau, un ouvrage en un acte (1804). Cet acte, *Milton*, était, à proprement parler, un petit opéra sérieux. Le musicien s'était essayé dans sa nouvelle manière et il avait réussi. La lecture de *Milton* fait déjà pressentir un progrès réel, une bien plus grande sûreté de plume que dans les ouvrages qui l'ont précédé.

Après ce succès, Spontini se remit à écrire sa *Vestale* avec un soin et une énergie de volonté admirables; mais il fallait arriver à faire admettre son œuvre à l'Académie, et ses ennemis lui barraient le chemin avec opiniâtreté.

Enfin, grâce à une cantate exécutée au théâtre Louvois, il put gagner la faveur de l'impératrice Joséphine et espérer en l'avenir.

Jouy avait eu le bonheur, lui, de voir sa

pièce bien accueillie par le Comité de l'Académie Impériale de Musique, — et ce Comité était difficile à contenter. — Il était composé, à cette époque, de Bonet, directeur-président; Desfaucherets, Legouvé, Desprez, hommes de lettres; Monsigny, Rey, compositeurs; Lainez, premier artiste *de chant;* Gardel, maître des *ballets;* Boutron, *machiniste en chef;* Mareuil, inspecteur général, et Le Craig, secrétaire général.

Une copie de la décision du Comité, en date du 28 messidor an XIII (17 juillet 1805), est transmise à M. de Luçay « premier préfet du Palais, ayant la surveillance et la direction principale du *Théâtre des Arts* ».

Celui-ci reçoit bientôt une lettre, datée de Plombières, provenant du secrétaire des commandements de l'Impératrice, qui lui parle avec éloge de la partition de Spontini; cette lettre ne produit pas encore un effet bien appréciable.

Quelque temps après, M. de Rémusat adresse à M. de Luçay la lettre que l'on va lire et que nous reproduisons, à titre de curiosité. Spontini ne pouvait désirer une lettre de recommandation plus chaleureuse:

Sa Majesté l'Impératrice me charge de vous recommander M. Spontini, qu'elle vient de s'attacher en qualité de *compositeur de sa chambre*. Ce compositeur a un opéra pour l'Académie Impériale. Il désirerait bien que vous voulussiez le protéger; vous connaissez son talent distingué, et, comme je sais votre zèle pour l'établissement que vous administrez, je ne doute pas que vous ne vous fassiez un plaisir de concourir à donner au public le plaisir d'entendre une composition intéressante.

Adieu, mon cher ami; je vous souhaite santé et plaisir. Pour moi, je pars pour Vienne, où je serai, comme partout,

Votre collègue et ami,

RÉMUSAT.

Enfin, par ordre de l'Empereur, on prépare la mise à l'étude de *la Vestale*.

Voici les devis approximatifs de la dépense :

Décors	10,720 fr.
Costumes	15,000 »
Copie	3.000 »
Répétition extraordinaire	280 »
Total	29.000 fr.

Ce n'était pas très cher, convenons-en ; surtout les frais de la répétition générale à laquelle assistaient ordinairement la Maison de l'Empereur, les hauts fonctionnaires de l'État, le *tout Paris* de l'époque.

Mais les études ne commençaient pas, malgré la protection de l'Impératrice; les ennemis du compositeur amoncelaient autour de lui les embarras et les embûches. On reprend *Écho et Narcisse*, remis en deux actes par Beaumer et Montan-Berton; on représente le ballet du *Barbier de Séville*, de Blache et Duport; *Castor et Pollux*, de Winter, est également donné, sans succès du reste, ainsi que le ballet de *Paul et Virginie*.

Enfin, un ordre du préfet du Palais fixe au 25 octobre 1806 l'entrée en répétitions.

* * *

A cette époque, toutes les phases de l'éclosion d'un opéra passaient devant un comité d'administration sous la présidence du directeur. Ce comité-jury était composé des auteurs de la pièce, de l'inspecteur général, des chefs de tous les services et du secrétaire général. Cette excellente organisation donnait à l'ensemble du travail une unité de vues et de direction que l'on ne saurait trop regretter.

Malheureusement, il y eut dans le Comité des objections émises, surtout en vue de la prochaine représentation d'*Ulysse*, de Persuis, qui était à l'étude. Aussi, la pauvre *Vestale* fut-elle renvoyée au *mois d'avril* suivant.

Cet heureux moment arriva enfin ; mais les persécutions ne discontinuèrent pas pour le musicien. Par suite des tâtonnements et des efforts incessants qui avaient accompagné le travail de Spontini, il y avait des parties dans l'ombre, de fréquentes défaillances ; enfin, ce qu'en termes du métier nous appelons maintenant « des trous ». Les artistes de la scène ne mettaient pas de bonne volonté à vaincre ces difficultés d'exécution ; quelques-uns étaient même affiliés à « la conspiration » ourdie contre « l'étranger » ; de là des plaintes, des murmures, des critiques violentes contre l'œuvre et son auteur, qui, étant rapportées à la direction et répandues dans le public, affaiblissaient l'espoir d'une réussite.

Spontini, cependant, ne se désespérait pas ; bien qu'il fût profondément affecté de toutes ces avanies, il travaillait avec ardeur à reconstituer son œuvre et à la rendre belle et forte.

*
* *

Ce qu'il y eut d'heureux dans tout cela,

c'est que la pièce de Jouy, très simplement faite et naturellement conduite, ne vint pas ajouter encore des embarras nouveaux. Nous avons sous les yeux la copie primitive du poème, nous l'avons comparée à la brochure imprimée après la représentation; les scènes sont restées dans leur premier enchaînement, et, sauf le début, un monologue de Licinius, aucune scène n'a été coupée. Il n'y eut que des changements de peu d'importance. Ah! si Spontini avait commencé sa carrière française par *Fernand Cortez*, dont le livret subit tant de métamorphoses, il est à peu près certain que l'œuvre du maître ne serait pas arrivée jusqu'à la rampe et que nous ne pourrions l'admirer aujourd'hui.

*
* *

Au mois d'août, un orage épouvantable fit irruption dans les magasins délabrés des Menus-Plaisirs, où l'on avait placé les nouveaux décors de *la Vestale*. Ils subirent quelques détériorations, qu'il fallut réparer. De plus, l'Empereur avait décidé que, le 14 octobre 1807, on donnerait la première représentation du *Triomphe de Trajan*, d'Esménard, musique de Lesueur et Persuis. Cet opéra à grand spectacle, — pour lequel il fallut construire un couloir sur la rue Lully, comme dégagement de la scène, — fit interrompre les répétitions de *la Vestale*, au moment où elle allait être entièrement prête à paraître devant le public.

Quand cette date du 14 octobre eut été fixée pour la représentation du *Triomphe de Trajan*, le comité émit le vœu qu'il fallait suspendre les études de l'opéra de Spontini. Dans son rapport au surintendant, le directeur Bonet de Treiches (ancien député de la Haute-Loire et *conventionnel*), termine par une remarque assez amusante : « En faisant passer *la Vestale* après *Trajan*, il y aura une dépense de quinze mille francs en moins, parce que l'on se servira des *habits* de *Trajan*. » Bref, devant la volonté impériale, tout céda, d'autant mieux que les ennemis de Spontini étaient enchantés de ce nouveau contre-temps, et les études de *la Vestale* furent interrompues.

* * *

Enfin, le grand jour de la première représentation arriva; *la Vestale* avait été annoncée pour le vendredi 11 décembre 1807: elle ne fut représentée que le mardi 16 décembre.

Le succès fut immense, incontestable et incontesté.

Malgré quelques traces, apparentes encore, d'inexpérience dans l'harmonie et dans l'instrumentation, *la Vestale* est pleine de sève, de vie et de franche vérité. C'est une partition profondément empreinte de ce sentiment dramatique dont l'auteur n'avait pas la moindre idée avant d'écrire un ouvrage pour l'Opéra; c'est plus qu'une œuvre, c'est une révélation; c'est le puissant témoignage de ce que peut produire la volonté secondée par un génie véritable.

* *

Le sujet de la pièce peut se raconter en quelques lignes: Licinius, le vainqueur des Gaulois, revient à Rome pour recevoir les honneurs du triomphe. Autrefois, quand il n'était qu'un soldat obscur, il avait aimé une jeune patricienne. Pendant son absence, la famille de Julia l'a vouée au culte de Vesta;

c'est elle qui est désignée pour remettre au vainqueur la couronne d'or. A sa vue, Licinius pâlit et lui glisse quelques mots à voix basse. Un rendez-vous est pris pour la nuit suivante.

Julia doit entretenir, cette nuit même, le feu sacré de la déesse ; Licinius paraît, et Julia, avec son bien-aimé, oublie tout et surtout son sacerdoce. Le feu s'éteint. Les prêtres, les vestales et le peuple arrivent courroucés, et, pour obéir à la loi romaine, demandent que la prêtresse infidèle soit enterrée vivante ; au moment où Licinius survient, avec ses soldats, pour délivrer son amante, la déesse Vesta a pitié de sa prêtresse, et, grâce à cette intervention divine, le feu sacré se rallume. « L'autel de l'hyménée » sera le seul où Julia sacrifiera désormais.

La partition de Spontini déborde de passion et d'amour. C'est une ivresse des sens et du cœur qui vous transporte. Pour ne citer que les morceaux hors ligne, nous mentionnerons : « l'hymne du matin », *Fille du ciel*, à la deuxième scène du premier acte ; l'air de la grande vestale à la scène III : *Licinius, je vais donc te revoir ;* l'air admirable de Julia (scène IV). Dans le deuxième acte, la scène si

ACADEMIE IMPERIALE DE MUSIQUE.

On commencera à sept heures précises. – Aujourd'hui mardi 15 décembre 1807,

LA PREMIERE REPRESENTATION DE

LA VESTALE,

Opéra en trois actes.

M. *FREDERIC DUVERNOY* exécutera les Solos de Cor.

Chant : Mrs. *Lainez*, *Lays*, *Dérivis*, *Duparc*, *Martin* ; Mmes. *Maillard*, *Branchu*.

Danse : Mrs. *Vestris*, *Beaulieu*, *St.-Amand*, *Branchu*, *Baptiste Petit* ; Mmes. *Clotilde*, *Gardel*, *Chevigny*, *Milliere*, *Bigottini*, *Vestris*, *Mareiller* cadette, *Riviere*, *Mareiller* aînée.

S'adresser pour la location des Loges, à M. *Damence*, à la Salle de l'Académie impériale de Musique.

Les billets une fois pris, on n'en rendra plus la valeur.

grandiose et si dramatique où l'on trouve l'air : *Impitoyables dieux* (scène II). Dans la scène VI du même acte, la finale : *O des infortunés déesse tutélaire ;* enfin, au dernier acte, dans la scène troisième, la superbe *Marche du supplice*, où s'encadre cette touchante élégie : *Adieu, mes tendres sœurs.*

* * *

L'enthousiasme fut indescriptible, à la première soirée de *la Vestale*, et se maintint longtemps, puisque cet ouvrage est resté au répertoire jusqu'au 4 janvier 1830, — jour de la *deux centième* représentation.

Malgré ses modestes dimensions, *la Vestale* fut jouée seule jusqu'à la 74e représentation (26 octobre 1817) ; à dater de ce jour-là, un ballet accompagna l'œuvre de Spontini ; c'était tantôt *la Dansomanie*, de Méhul ; tantôt *Paul et Virginie*, de Kreutzer ; puis *Vénus et Adonis*, *le Carnaval de Venise*, de Persuis et Kreutzer, *Flore et Zéphire*, etc., etc.

Jusqu'en 1827, *la Vestale* fut exécutée douze fois par an, en moyenne ; mais, en 1828, elle n'apparut que trois fois sur les affiches, deux fois en 1829 et une fois seulement en 1830!

Cet ouvrage a rapporté à *l'État* la somme de *huit cent mille* francs, *sans compter les abonnements,* qui représentent à peu près la moitié de cette somme.

Le 3 mai 1834, *la Vestale* fut représentée au bénéfice de Nourrit. — Le second acte apparaît seul cinq fois, après cette soirée, en « spectacle coupé ».

Le 17 mars 1854, l'opéra de Spontini fut repris dans d'assez mauvaises conditions; aussi n'eut-il que huit représentations.

*
* *

Plusieurs artistes de talent ont débuté dans *la Vestale :* Dabadie (1819), mademoiselle Quiney (1820), mademoiselle Saintville (1821), Massol (1829), madame Desvignes (1826).

Les créateurs, qui furent aussi applaudis que l'œuvre elle-même, se nommaient madame Branchu, mademoiselle Maillard, MM. Lainez, Lays et Derivis.

Voici la distribution des rôles, à la représentation de l'ouvrage, devant la Cour, le 16 juin 1825 :

Julia, madame Dabadie ; — la grande vestale, mademoiselle Quiney ; — Licinius, Nourrit père ; — Cinna, Dabadie ; — le grand prêtre, Derivis ; — l'aruspice, Prevot ; — le consul (*un bout de rôle*), Nourrit fils.

Que les jeunes ténors, ayant l'avenir du créateur de *Guillaume Tell*, de *Robert le Diable* et des *Huguenots*, se souviennent de cela et imitent le bon exemple que leur a donné cet illustre devancier !

*
* *

Un nouveau succès vint augmenter la réputation de *la Vestale* : malgré ce titre d'étranger qui avait valu à son auteur tant de tracasseries et d'animosités, malgré l'opposition systématique des musiciens français qui lui préféraient hautement *les Bardes* de Lesueur, malgré toutes les intrigues, les insinuations et les menaces, la section de musique de l'Institut se conduisit d'une façon fort honorable : Grétry, Méhul et Gossec, qui composaient cette section, déclarèrent que *le prix décennal* devait être accordé à *la Vestale* comme le meilleur opéra joué depuis dix ans.

C'était classer Spontini parmi les maîtres de l'école française.

*
* *

Pour terminer l'histoire de *la Vestale* par une note gaie, nous allons faire aux archives de l'Opéra deux emprunts au dossier de l'ouvrage de Spontini.

L'inspecteur général (Despréaux, le mari de la Guimard) au directeur.

Paris, 18 décembre 1807.

Monsieur le Directeur,

Vous saurez, monsieur et ami, que je découvre un abus qu'on devrait tâcher de réformer, *parce qu'il est fort cher.* Il y a deux harpes dans l'orchestre, et deux avec le public. Ces deux dernières occupent douze places à sept livres dix sols, c'est quatre-vingt-seize livres par représentation. Joignez à cela la présence des deux harpistes. Cela fait une somme de...

Tout cela pour un pas de danse qui *fait peu d'effet* (le bout de l'oreille du vieux maître de ballet paraît à l'horizon). Je propose donc de faire — quoi?... Ce que vous jugerez à propos pour l'intérêt de la grande machine magique. Sur ce, je prie le diable, grand ordinaire de ces lieux, qu'il vous ait en sa sainte garde.

DESPRÉAUX.

Après ce rapport, le directeur prend sa

plume la plus administrative et adresse à Spontini la lettre que voici :

Je me suis convaincu, monsieur, et c'est aussi l'opinion de beaucoup de personnes, que les six (!) harpes employées dans le troisième acte de votre opéra de *la Vestale* n'ont pas produit un assez grand effet pour qu'il soit besoin de les conserver toutes. Les *danseurs* eux-mêmes qui exécutent le pas *n'ont demandé* que deux harpes placées près du chef d'orchestre.

Cette demande me paraît juste. Ces deux harpes placées près du théâtre suffisent pour faire *ressortir la beauté* de ce morceau, et je crois que vous consentirez à la suppression des quatre autres harpes qui constituent l'Académie en frais, sans un besoin bien évident.

Je désire, monsieur, connaître votre réponse, et vous renouveler mes sincères compliments sur un ouvrage qui vous fait autant d'honneur qu'il procure de plaisir.

Et les deux harpes seules firent la joie *des danseurs* et du directeur.

*
* *

Au commencement de l'année 1809, le comte de Rémusat, surintendant des théâtres, annonce à Picard, directeur de l'Académie Impériale de Musique, que l'Empereur a décidé la mise à la scène de *Fernand Cortez*, opéra de M. Spontini, paroles de MM. de Jouy et

Esménard; le surintendant demande au fonctionnaire de l'État de faire dresser un devis approximatif des dépenses nécessaires pour monter dignement cet ouvrage.

Picard donne un état détaillé qui monte au chiffre, énorme pour l'époque, de 180,000 fr.

Dans les chapitres de ce devis, on voit figurer une somme de 10,500 francs pour harnachements de chevaux et costumes d'écuyers. Cette « cavalerie », comme Spontini l'appelle dans sa partition, deviendra un des incidents les plus sérieux et en même temps les plus drôles des répétitions de *Fernand Cortez*.

Le 27 janvier, le comte de Rémusat prévient la direction que l'Empereur ne veut accorder que 50,000 francs; mais il ajoute que cette somme peut être doublée et qu'on approuvera la dépense.

*
* *

La pièce est lue, le 26 mars, devant les chefs de service : Rey, chef d'orchestre; Persuis, chef du chant; Adrien et Lasuze, chefs des chœurs; Gardel, maître de ballet, les artistes : madame Branchu, Lainez, Lays, La Forêt et les coryphées.

*
* *

A partir du commencement d'avril, Lefebvre, chef de la copie, écrit rapport sur rapport au directeur Picard, pour se plaindre de la lenteur avec laquelle Spontini lui donne les différentes parties de son ouvrage.

Le travail de la décoration se fait aussi très lentement. Nous allons citer, comme détail typique, le rapport du chef de l'atelier de peinture, en date du 17 mai :

La première quinzaine de may a été employée à la trace sur des « ponsifs » qui sont étendus dans l'atelier de peinture : quatre peintres externes ont été appelés, depuis les premiers jours de may, et sont occupés à tracer et à mettre à l'encre sur lesdits *ponsifs*. Un d'entre eux est employé à faire des recherches, dans les bibliothèques impériales, pour prendre connaissance du genre de monuments qui existaient au Mexique du *tems* de Cortez, ainsi que pour la construction des vaisseaux et la forme des armes de *ces tems-là*. On a découvert le portrait de Charles-Quint et on espère rencontrer celui de Fernand Cortez.

M. Cicéri, peintre de paysage, *attaché* à l'atelier de peinture, *est chargé* de se rendre *journellement* au Jardin des Plantes, pour dessiner des arbres et des plantes, production du Mexique...

MITOIRE

Le 10 juin, l'inspecteur général adresse à Picard une longue lettre pour se plaindre de Degotty, le peintre en chef, qui met une lenteur excessive à brosser les décors.

Je crois, lui dit-il, qu'il faut s'occuper de *mettre* un ancien ouvrage ; sans cela, nous serons obligés de fermer la porte. Degotty dit que l'opéra de *Cortez* ne doit pas être *mis* dans une morte-saison. Je crois qu'il s'entend *avec les auteurs*. Vois, mon ami, à faire ce qui sera le mieux; mais ne compte pas sur *Fernant* (*sic*) *Cortez* d'ici à quatre ou cinq mois.

Quand je te verrai, je t'en dirai plus long.

* * *

Le 17 juin, Lefebvre n'a que le premier et le second acte, à la première scène près. L'auteur ne compte lui livrer le troisième acte que pendant le cours des répétitions.

L'auteur ne m'a encore rien remis du troisième acte... (5 juillet). Voilà les changements qui commencent, et ce sera le sujet dont je vous entretiendrai dorénavant.

Cela promet.

* * *

A partir du mois d'août, le comte de Rémusat se met de la partie. Le directeur reçoit de lui des lettres, fort amicales du reste, pour le prévenir de l'arrivée prochaine de l'Empereur et du désir qu'a Sa Majesté d'assister à la première représentation de *Fernand Cortez*. Le 15 septembre est la date fixée d'abord; puis on la recule de semaine en semaine.

Pendant ce temps, Spontini garde par devers lui toute la fin de sa partition ; il fait des coupures chaque jour et des changements à chaque instant. Lefebvre se désespère et Degotty continue à ne pas se presser dans la confection de ses décors.

Le pauvre Picard est aux abois ; il écrit sans cesse au surintendant, aux chefs de service, aux auteurs, aux artistes ; il assemble tout son personnel dans son cabinet : rien n'y fait. M. de Rémusat va lui-même savoir, à l'atelier de peinture, si l'on pourra jouer la pièce le mardi 7 novembre ; car, au milieu de tous ces retards, on est arrivé à la fin d'octobre.

* * *

Nous trouvons au dossier une lettre collective des chefs du chant, Adrien, Lasuze et Persuis. Ils se disculpent de toute cette perte de temps et la mettent sur le compte des changements réitérés, des additions et des coupures incessantes. Gardel, lui-même, n'a pas à sa disposition tous les airs de ballet.

Le directeur commence à ressentir les premières atteintes de la folie furieuse. Il adresse au compositeur la lettre suivante, dont l'allure agressive contraste singulièrement avec la mansuétude ordinaire du brave Picard :

2 novembre 1809.

Par une lettre du 27 octobre, je vous ai prié, monsieur, de faire toutes vos dispositions pour que les airs de ballet de votre opéra de *Fernand Cortez* puissent être répétés généralement samedi prochain. Je vous ai même engagé à vous concerter avec M. Lefebvre pour que cette répétition ne soit pas retardée. J'apprends à l'instant, monsieur, que tous ces airs n'étant point encore copiés, ni même en partition, cette répétition ne peut avoir lieu. Je ne sais, monsieur, à quoi attribuer cette lenteur. Tous mes efforts demeurent inutiles, si je ne suis pas secondé par les personnes les plus intéressées à la *mise* de cet ouvrage. Si j'éprouve encore de pareils obstacles, je me verrai forcé d'en instruire M. le surintendant.

*
* *

Nous avons laissé de côté, et avec intention, la grave affaire du moment, *la question des chevaux* qui doivent figurer au premier acte de

Fernand Cortez. Les auteurs tenaient plus à leur « cavalerie » qu'à toutes les autres parties de l'ouvrage; et nous devons avouer que l'effet devant le public a prouvé qu'ils n'avaient pas tort.

Pour nous, qui regardons ce détail à distance, cette odyssée chevaline ne peut que nous faire sourire.

Après de longs pourparlers, les parties signent, dans le cabinet de Picard, un long protocole dressé, sans doute, par le conseil judiciaire de l'Administration :

ACADÉMIE IMPÉRIALE DE MUSIQUE

Le Directeur,

Vu les conditions proposées par MM. Francony frères, écuyers, dans leur lettre du 24 de ce mois, pour les chevaux nécessaires au service de l'opéra de *Fernand Cortez* ;

Vu l'avis du Conseil d'administration, consigné au procès-verbal de la séance du 24 de ce mois, conformément à l'article 22 du décret impérial du 1er novembre 1807 :

ARRÊTÉ :

ART. 1er. — Il sera payé à MM. Francony frères, pour l'emploi de quatorze chevaux montés par eux et leurs écuyers, dans les diverses évolutions de l'opéra de *Fernand Cortez*, une somme de six mille francs pour six premières représentations de cet ouvrage, et celle de cinq cents francs seulement pour les suivantes, à quelque nombre qu'elles puissent aller.

Art. 2. — (Mode de payement).

Art. 3. — Si, après les six premières représentations, l'administration jugeait convenable de diminuer le nombre des chevaux, il sera fait une diminution sur la somme de cinq cents francs, allouée pour chaque représentation, d'après la progression établie pour chaque cheval ; et, dans le cas où elle croirait nécessaire de les supprimer entièrement, MM. Franconi frères ne pourront exiger aucun dédommagement, et le présent traité se trouvera *annullé* (*sic*).

Art. 4. — Il sera payé, en outre, à MM. Franconi frères, pour chaque répétition, faite en vertu d'un ordre signé par le directeur, une somme de soixante-quinze francs; ces répétitions ne pourront excéder le nombre quatre. Quant à celles que MM. Franconi jugeront convenable de faire pour exercer soit leurs chevaux, soit leurs écuyers, il ne leur en sera tenu aucun compte.

Art. 5. — (Indemnité de deux cent cinquante francs à MM. Franconi s'ils ne sont pas prévenus d'un changement de spectacle.)

Art. 6. — MM. Franconi frères *demeureront responsables* de tous les accidents qui pourraient arriver à leurs écuyers et à leurs chevaux, en montant les escaliers du théâtre, ou en les descendant ; quant à ceux qui résulteraient de la négligence des ouvriers du théâtre, ou de leurs manœuvres, il sera traité de gré à gré de l'indemnité qui leur serait accordée. Dans un de ces cas, il sera dressé procès-verbal par l'inspecteur du théâtre, lequel sera certifié véritable par l'inspecteur général.

Art. 7. — (Six mille francs de dédit, par représentation, en cas de refus de MM. Franconi.)

Art. 8. — L'article 7 n'est obligatoire pour MM. Franconi que pendant neuf mois de l'année, attendu la réserve qu'ils se sont faite de s'absenter pendant les mois de juin, juillet et août, pour aller *faire jouir* les départements *de leurs talents ;* si cependant MM. Francony restaient à Paris pendant les trois mois énoncés ci-dessus, l'article 7 est de rigueur.

Art. 9. — (Date des répétitions et représentations : 1er septembre.)

Art. 10. — . . . . En supposant que la mise de cet ouvrage fût retardée ou empêchée par *ordre supérieur*, les conditions ci-dessus seront regardées comme non-avenues. Cependant si MM. Francony avaient été appelés pour des répétitions, il leur sera alloué, à titre d'indemnité, une somme de deux mille quatre cents francs, attendu les frais occasionnés pour eux par ce service.

Art. 11. — Le présent traité sera renouvelé *chaque année*, sans qu'il puisse être rien changé, sur la quotité des sommes, par l'administration ou par MM. Francony.

Desquelles conditions ci-dessus, et des autres parts, lecture ayant été donnée à MM. Francony frères, ils ont déclaré les accepter, et ont signé avec nous.

Paris, le 1er juillet 1809.

Signé : Picard, H. Francony, L. Francony.

* * *

Enfin, la répétition générale est annoncée ; il était temps.

Nous trouvons au dossier quelques renseignements qui intéresseront les gens de théâtre.

Chaque auteur n'avait droit, à cette époque, qu'à cinquante billets *d'une personne*, imprimés *ad hoc*. Les billets en blanc signés par les auteurs étaient impitoyablement refusés à la porte.

Nos auteurs modernes ont changé tout cela.

Quant aux billets pour « la première », les auteurs, par ordre du surintendant, n'avaient que *vingt billets* de parterre, et ne pouvaient, en aucune façon, se procurer, à l'avance, des billets payants.

* * *

La première représentation de *Fernand Cortez* eut lieu le 28 novembre 1809, et une réussite brillante accueillit la partition, la pièce, les artistes... et les chevaux de Franconi.

Nous trouvons pourtant ces réserves dans le *Journal de Paris* : « MM. de Jouy et Esménard devraient abréger les dernières scènes. » Puis le critique reproche à Spontini de ne pas avoir « assez d'*unité* dans la composition ». Il n'était pas certainement capable, ce digne rédacteur, d'apprécier le mérite des oppositions de force et de tendresse dont cette partition est riche à l'excès. « Peut-être, ajoute-t-il, M. Spontini n'a-t-il pas évité, avec assez de soin, les réminiscences. » Nous retrouverons donc partout cette vieille formule dans les articles dont les rédacteurs veulent mordre à tout prix ! Enfin le *Journal de Paris* termine par ces éloges :

Les décorations sont très belles ; on a admiré le mélange des costumes espagnols et américains ; mais ce qui, surtout, *assure* à la pièce un succès brillant, c'est une charge de cavalerie que MM. Franconi exécutent avec une habileté merveilleuse (!!!) Mademoiselle Branchu s'est également distinguée comme actrice et comme cantatrice, dans le rôle d'Amazily, et Lainez a *joué* celui de Fernand Cortez avec toute la chaleur d'un jeune homme.

Sa Majesté l'empereur et roi, Leurs Majestés les rois de Saxe et de Westphalie ont honoré le spectacle de leur présence.

*
* *

Le lendemain de la première représentation, le directeur écrit des lettres aux chefs du chant, au premier maître de ballet, au chef d'orchestre et même au machiniste en chef, pour les remercier de leur zèle et de la bonne exécution de l'œuvre ; il les prie de transmettre tous ses compliments à leurs subordonnés.

Cette époque n'était pas encore éloignée du temps où florissait la vieille urbanité française,

*
* *

Il nous faut d'abord raconter le sujet de la pièce d'Esménard et de Jouy. Le lecteur jugera tout de suite quels sensibles progrès le théâtre lyrique avait faits depuis vingt ans.

Au premier acte, la scène se passe au bord de la mer, dans le camp des Espagnols. Dès le lever du rideau, on sent que la révolte fermente dans les rangs de l'armée de Fernand Cortez; les soldats, épuisés de fatigue, vaincus par ce climat meurtrier, veulent retourner dans leur patrie et quitter la terre du Mexique qu'ils n'espèrent plus conquérir. Le héros espagnol apaise heureusement l'émeute et rend à ses compagnons d'armes la confiance et l'espoir de vaincre.

Cette partie de l'ouvrage contient des pages musicales splendides, des beautés scéniques et chorales de la plus haute valeur, dont le souvenir s'est perpétué parmi nous, à l'état de légende, puisque *Fernand Cortez*, malheureusement, a quitté le répertoire de l'Opéra. La Société des concerts et le Conservatoire en ont fait souvent entendre des fragments, toujours avec succès.

*
* *

Le héros de la pièce, Fernand, possède auprès de lui comme otage une charmante Mexicaine qui lui est dévouée corps et âme. Avec le conquérant du Mexique, cette jeune fille est un des principaux personnages de *Fernand Cortez*.

Dans l'histoire, Amazily se nommait Marina. D'après don Antonio de Solis, le narrateur de la Conquête, un Cacique avait livré vingt femmes en otages à Cortez. Celui-ci distingua, parmi ces femmes, la belle Marina, qui devint bientôt son conseil, son interprète, et lui sauva deux fois la vie.

De leurs amours naquit un fils, don Martino Cortez, que Philippe II nomma plus tard chevalier de Saint-Georges.

*
* *

Après avoir apaisé la révolte de son armée, l'amiral envoie un député à Montézuma pour lui proposer l'échange de leurs prisonniers ; car le frère de Cortez, Alvar, est retenu à Mexico.

Fernand reçoit lui-même une députation envoyée par le chef des Mexicains. Cet échange de messages nécessite, fatalement, une « fête mexicaine » qui fut une des grandes « attractions » de l'ouvrage, grâce aux jolis airs de ballet de la partition.

Fernand Cortez, qui redoute pour ses soldats l'enivrement de ces danses voluptueuses, fait succéder aux pas mexicains des jeux plus mâles et plus guerriers ; les Espagnols exécutent alors des combats simulés, des évolutions militaires ; « ils font voler leurs coursiers sur la scène », comme nous, dit Geoffroy, dans le style ampoulé de l'époque.

Le premier acte est terminé par un bel effet scénique : Fernand Cortez fait incendier ses vaisseaux, pour enlever aux soldats espagnols tout espoir de retour.

Le second acte est plus court et moins riche en grands effets dramatiques. Il est consacré, presque en entier, aux amours de Cortez et d'Amazily. Celle-ci n'est plus une simple esclave, comme Marina ; elle est princesse, nièce de Montézuma et sœur de Telasco, l'envoyé mexicain. Pour suivre Cortez, elle a tout quitté, famille et patrie ; elle aime le conquérant de son pays avec une ardeur et une violence tout à fait sauvages, et cette violence, cette ardeur de sentiment sont rendues par Spontini d'une façon splendide. On trouve dans ces pages modèles une vérité d'accent, un langage passionné, une force dramatique que l'on ne pourra jamais méconnaître, malgré les fluctuations de la mode, qui se font tant sentir au théâtre, et surtout à l'Opéra.

Fernand Cortez oublierait volontiers aux pieds de sa captive le sort de son frère et de son armée; mais son ami Moralez vient lui faire entendre sa voix fidèle, et le héros espagnol se réveille alors, rassemble ses soldats et vole au secours d'Alvar. Amazily, qui sait que les Mexicains la demandent en échange, se jette dans le grand lac du Mexique, pour aller délivrer le frère de celui qu'elle aime.

Le troisième acte se passe à Mexico. Alvar et deux autres prisonniers espagnols vont être offerts en holocauste « au dieu du Mal », une des innombrables idoles de la religion mexicaine. Amazily se présente pour être brûlée à la place d'Alvar. Le grand prêtre accepte ce sacrifice; il a le même nombre de victimes, c'est tout ce qu'il lui faut; mais Telasco, le frère d'Amazily, s'y oppose. Pour apaiser la querelle, Cortez, vainqueur, enfonce les portes du temple, arrache son amante à la mort, et les Mexicains s'unissent aux Espagnols pour chanter le chœur final : *O jour de gloire et d'espérance !*

* * *

A la treizième représentation, l'ouvrage fut arrêté, on ne sait pour quelle cause, puisque les recettes se maintenaient à un chiffre fort élevé.

* * *

A la fin de 1816, Spontini demanda au comte de Pradel, ministre de la Maison du Roi, qu'il voulût bien ordonner « la remise » de *Fernand Cortez*. Le maître annonçait qu'il avait fait, à la pièce et à la partition, des modifications très importantes sur lesquelles il fondait les plus grandes espérances.

Le 22 février 1817, M. Courtin, administrateur général, reçut de M. Papillon de la Ferté, intendant général des Menus-Plaisirs, l'ordre de présenter le compte exact des recettes de l'ouvrage. Ce compte fut remis; mais M. de la Ferté n'en fut pas entièrement satisfait, puisqu'il revint bientôt à la charge pour savoir à quelle somme s'élevait, *chaque fois*, la dépense des chevaux de Franconi, qui *diminuent* d'autant la recette ». Cette cavalerie a donné déjà bien du mal ; mais nous ne sommes pas encore au bout de ses vicissitudes. On décide, tout d'abord, qu'on affecterait à cette reprise la somme de quinze mille francs, et l'on commence les études.

* * *

Spontini n'est pas très content de « passer » au printemps, il tâche de retarder les répétitions ; mais le régisseur général, Choron, un des membres les plus actifs du « parti français », écrit à M. de la Ferté une longue lettre pleine de reproches et d'accusations contre l'auteur de *Fernand Cortez*. Il propose de mettre de côté les études de cette partition, et de reprendre *Roland*, de Piccinni, que l'on vient de réduire en deux actes, et dont trois artistes, Nourrit, Derivis et madame Albert, savent déjà complètement les rôles.

Cette bonne mesure administrative produisit son effet. Spontini apporta vite sa partition et son poème, devant le Comité du 20 mars, composé de M. de la Ferté, d'Étienne, de Nicolo, de Courtin et de Choron, et tout marcha le mieux du monde.

On répète ; on fait des coupures ; on tracasse Degotty, le peintre de décors, toujours en retard ; on s'agite ; mais le travail se fait bien mieux qu'autrefois. Le *Roland* de Piccinni, ombre de Banco, se dresse à l'horizon.

* * *

Malheureusement, la question des chevaux revient sur le tapis. Les frères Franconi ont maintenant installé leur cirque loin de l'Opéra, au faubourg du Temple ; ils demandent huit cents francs par soirée, s'ils sont obligés de faire relâche, et cinq cents francs, s'ils peuvent continuer leurs exercices. On discute, on se chamaille ; de Jouy va *lui-même* au manège, pour tâcher d'éviter un conflit. Enfin, on propose un nouveau traité, à peu près semblable à l'ancien protocole dressé par Picard ; mais les Franconi insistent, Courtin se rebiffe et les accuse, « par leurs prétentions exagérées, de mettre à contribution un théâtre royal ». Toute cette affaire est portée devant Son Excellence le ministre de la Maison du Roi; Spontini écrit et se démène; on s'occupe d'avoir des chevaux du manège royal. Malheureusement, le marquis de Sourdis, administrateur de ce manège, quitte ce poste à ce moment-là. On s'adresse alors au chevalier de Beaune, qui en réfère à l'écuyer-adjoint Porta. On refait un ou deux projets et avant-projets ; tout se rompt à la fin, et l'on en revient aux frères Franconi.

Quelle bonne histoire!

*
* *

Mais il est un détail encore plus amusant, c'est qu'une note fut envoyée aux journaux et qu'elle fut écrite *de la main même* de Spontini et raturée par une autre personne — de Jouy, peut-être. Nous l'avons copiée aux archives de l'Opéra; elle est ainsi conçue :

L'administration de l'Académie Royale de Musique, en remettant au théâtre l'opéra de *Fernand Cortez*, a cru devoir y déployer toute la pompe que le sujet commande et *y rétablir les chevaux* qui se rattachent historiquement à cette composition.

Les changements importants que les auteurs ont faits à leur ouvrage, particulièrement dans le premier et le deuxième acte, en ont exigé de plus considérables encore, dans les décorations et dans les ballets.

Il y a lieu d'espérer que ces changements n'auront pas été sans utilité pour un ouvrage que le public a daigné accueillir, dans sa nouveauté, avec distinction, et qui n'a pas obtenu moins de succès sur les théâtres des cours étrangères et principalement en Allemagne.

* * *

Avant d'avoir lu toute l'odyssée des chevaux de Franconi et cette mirifique réclame libellée par Spontini, on pouvait croire que Meyerbeer seul était capable de soigner aussi bien ses petites affaires. Décidément, rien n'est nouveau sous le soleil!

Qu'importe, du reste, tout cela! *Fernand Cortez* est une magnifique partition, tout comme *les Huguenots*, et ces petits travers d'amour-propre n'ôteront pas un atome au génie de leurs auteurs.

* * *

Sous la Restauration, on est plus généreux

que sous l'Empire à l'endroit des auteurs ; ils reçoivent, chacun, cent billets pour la première représentation, et le comte de Pradel autorise même Courtin à donner, en plus de ces places, vingt billets de parterre et trente places de quatrièmes loges.

*
* *

Fernand Cortez, remanié, fut, avec *la Vestale*, un des ouvrages les plus joués sous la Restauration. Il atteignit le chiffre de deux cent quarante-huit représentations, en comptant les vingt-trois de la première *mise*. A partir de la deux cent dix-huitième représentation, la pièce fut scindée et l'on ne joua plus le troisième acte. Depuis le 18 mai 1817 jusqu'au mois de septembre 1830, *Fernand Cortez* se maintint constamment au répertoire.

*
* *

Spontini, qui était depuis 1819 directeur général de la musique du roi de Prusse, fit exécuter son ouvrage, à Berlin, avec un nouveau dénouement ; il avait eu raison, car les deux versions de 1809 et de 1817 ne brillent point de ce côté-là. Quand le compositeur revint à Paris, en 1841, il fit d'actives démarches pour faire reprendre *Fernand Cortez*, avec son nouveau dénouement. Le directeur de l'Opéra mit beaucoup de mauvaise volonté à lui répondre ; comme son cahier des charges lui *imposait* un certain nombre de reprises, il voulut bien remonter *Fernand Cortez;* mais il s'y prit si bien ou si mal que, malgré l'opposition du maître, qui n'acceptait pas de voir sa partition sacrifiée, ce bel ouvrage, mal exécuté, ne fit que très peu d'effet.

*
* *

Nous sommes arrivé maintenant à la partie la plus ingrate de notre travail ; il nous semble pourtant indispensable de l'entreprendre, c'est la clef de voûte de cette longue étude lyrique, et nous espérons que nos confrères musiciens y trouveront d'utiles renseignements.

Après la série heureuse des premières représentations, le compositeur n'était pas encore satisfait de son œuvre. Malgré les coupures et les additions qui avaient fait le désespoir du bon Lefebvre, le copiste, Spontini résolut de changer complètement l'ordonnance de sa partition. Esménard étant mort, M. de Jouy se mit tout seul au travail.

*
* *

Geoffroy, dans son feuilleton du 1er juin 1817, préfère la première version du poème à la seconde. Nous ne sommes pas le moins du monde de son avis, surtout en étudiant la pièce au point de vue musical.

Le premier acte de 1809 avait le grand défaut d'être le plus important, le plus touffu ; il abondait en effets scéniques par « la scène de la révolte », le ballet, « la cavalerie » et « l'incendie des vaisseaux ». Les deux autres actes paraissaient ainsi moins intéressants ; la loi de la gradation, si indispensable au théâtre, n'était ainsi nullement observée.

Le second acte contenait de plus un épisode ridicule : la scène du lac ; puis le dénouement laissait beaucoup à désirer.

*
* *

Enfin, comme il faut, avant tout, envisager l'intérêt de la partition, et comme la musique de Spontini gagne certainement aux changements opérés, nous ne pouvons qu'applaudir aux efforts de deux hommes de talent, qui ont eu le courage de remettre sur le métier une œuvre ayant déjà affronté glorieusement le feu de la rampe.

Le 28 mai 1817, le rideau, en se levant, laissait voir la première enceinte du grand temple de Mexico.

L'idole du dieu du Mal paraît au milieu du parvis.

C'était, pour employer une expression moderne, le décor du *second tableau* du troisième acte de 1809.

On entend, au dehors, le chœur des prisonniers espagnols : *Champs de l'Ibérie*, morceau nouvellement écrit pour servir de contre-sujet au chœur des Mexicains : *Que tout frémisse* (acte III, scène III, 1809).

A la suite, le chœur : *Déchirons, frappons les victimes*, qui servait autrefois d'introduction à l'acte III.

Ce début, plein d'énergie et de couleur sinistre, est d'une vérité dramatique qui ne le cède à aucun opéra moderne.

Le récit d'Alvar : *Amis du grand Cortez*, est placé comme autrefois et sert de milieu à l'introduction, qui se termine par la reprise du chœur contrepointé.

Le récit du grand prêtre, qui suit, est emprunté à la même scène ; les auteurs ont supprimé, avec raison, « une voix d'oracle », assez discutable comme effet sérieux. Ce récit et quelques mots d'Alvar amènent une des belles pages de l'œuvre : l'hymne à trois voix : *Créateur de ce nouveau monde*, que les critiques du temps disaient ressembler à un *O salutaris* de Gossec. Cela ne nous empêchera pas de le trouver fort beau, d'autant plus qu'à cette nouvelle mise, Spontini eut l'heureuse idée de supprimer toute espèce d'accompagnement, et cette innovation, pour l'époque, donne encore plus de valeur au morceau.

A la première *mise*, les auteurs de la pièce n'avaient point fait paraître Montezuma. M. de Jouy a réparé cette faute, et, dans la nouvelle version, on voit le vieux chef des Mexicains à côté de Telasco, le frère d'Amazily.

Dans un récitatif nouveau, qui sert d'exposition, Montezuma annonce qu'Alvar, le frère de Cortez, est un des prisonniers, mais qu'il faut le garder comme otage, à la place de sa nièce Amazily. Il ordonne donc de suspendre les apprêts du supplice. Aussitôt, Amazily se présente; elle vient implorer « le roi » et lui demander la grâce d'Alvar, pour fléchir Cortez *par le ciel armé de son tonnerre*. Le grand prêtre fulmine; mais Montezuma désire se recueillir aux pieds du *Dieu qui gouverne le monde*, et tous les assistants se retirent, à l'exception de Telasco et d'Amazily. Ici, les auteurs ont placé le superbe duo de la seconde scène du second acte, avec son beau récit: *Daigne m'entendre;* la scène est fort longue; aussi la seconde reprise en a été coupée, dans le cours des représentations. La fin de l'acte est complètement nouvelle: orage, récit, quartetto et finale.

Sauf quelques changements, le second acte est la reproduction du premier acte de 1809. On trouve ici, comme introduction, la belle scène de la révolte; mais il y a cinq vers nouveaux en récitatif, et le récit primitif, dit par un officier, est chanté par plusieurs coryphées. La scène est mieux faite qu'autrefois, en ce sens que la révolte est à peine indiquée, au début, par quelques murmures, que le chef apaise aussitôt par sa présence. Plus tard seulement, la rébellion éclatera dans toute sa fureur.

*
* *

Fernand Cortez a changé de voix ; il était haute-contre, en 1809, avec Lainez; avec Lavigne, il est devenu taille, ou ténor si vous l'aimez mieux. Ce n'est, du reste, qu'un changement de ligne et de clef.

Cortez apaise donc ces ferments de discorde et reste seul avec son ami Moralez, qui lui parle tristement de son frère prisonnier et d'Amazily, que l'on dit avoir fui du camp, la nuit précédente ; mais celle-ci est déjà de retour, et Moralez se retire discrètement, pour ne pas troubler un amoureux tête-à-tête. C'est ici que Spontini a placé la scène charmante qui contient l'air célèbre : *Je n'ai plus qu'un désir* (précédemment acte Ier, scène IV), qui fit tant d'effet à la première audition et qui en fera toutes les fois qu'on le remettra en lumière.

Le reste du second acte est à peu près semblable au premier acte ancien, si ce n'est que Telasco, en venant offrir des présents au vainqueur, de la part de Montezuma, a l'air de vouloir le corrompre et acheter ainsi sa retraite. Cortez s'indigne à cette idée de trahison ; mais les soldats espagnols approuveraient volontiers cette façon d'agir, et la fête mexicaine... commence.

Les compagnons de Cortez, éblouis, enivrés, reviennent à leur première idée de révolte et reprennent avec plus de véhémence le chœur : *Quittons ces bords*. Nous trouvons ici le bel air de Cortez : *Trahissez un si beau destin*, qui existait autrefois dans l'ancienne introduction du premier acte. — Embrasement des vaisseaux — et l'acte finit, comme en 1809, par la fameuse marche, qui est restée si longtemps populaire.

*
* *

Le troisième acte débute par la marche en *ré* de l'introduction du second acte (première version). Telasco s'est approché pendant cette marche chorale et chante, après un beau récitatif, l'air : *O Patrie!* qui a passé dans le répertoire de concerts de nos modernes barytons. Fernand Cortez arrive avec Amazily et rend la liberté au Mexicain, puisque Moralez vient de lui apprendre le retour de son frère Alvar. La scène se déroule à peu près comme à l'ancien second acte, et nous arrivons encore à un air splendide, celui d'Amazily : *Arbitre de ma destinée*. Moralez reparaît, il est désespéré; le peuple mexicain, excité par ses prêtres, lui a arraché les prisonniers qu'il ramenait au camp, — trio et chœur (première version), avec des récits de Cortez, plus importants ; — puis le duo de Cortez et d'Amazily : *Un instant nous reste* (scène v, acte II) ; Fernand sort pour rassembler ses troupes et délivrer son frère. Amazily reste seule avec ses femmes, et, au lieu de se jeter dans le lac, comme en 1809, elle entre sous la voûte d'un monument dont le passage secret doit la conduire à Mexico. Elle va se jeter aux pieds de Montezuma et implorer sa protection.

*
* *

La scène change et représente le vestibule

du palais : — grand récit de Montezuma entièrement nouveau. — Le chef ordonne de rendre la liberté aux prisonniers et de mettre le feu aux quatre coins de ce palais qu'il ne peut plus défendre (chœur du troisième acte primitif, scène v : *Grâce! grâce!*).

Jouy a placé là un beau mouvement dramatique dans le rôle du chef mexicain ; il le fait monter sur « son trône » pour « mourir en roi ». Seulement, c'est absurde au point de vue historique.

En 1809, le grand prêtre avait la malencontreuse idée de chanter un grand air, pendant que les Espagnols donnaient l'assaut. Cet air est supprimé, dans la nouvelle version, et nous croyons même qu'il avait été coupé avant cette reprise. Chœur de la scène vi : *Triomphe!* Récit de Cortez qui vient offrir à Montezuma la paix et son amitié.

Montezuma lui *accorde* en échange la main d'Amazily, — ce qui nous semble ne devoir être qu'une consécration, — et le rideau tombe sur l'ancien chœur final : *O jour de gloire et d'espérance!*

*
* *

Notre tâche est enfin terminée. Puisse cette étude faire naître à qui de droit la pensée généreuse de remettre à la scène une des œuvres les plus importantes et les plus délaissées de notre grand répertoire lyrique !

L'HISTOIRE DE FRANCE

ET

L'HISTOIRE DE L'OPÉRA

Personne ne s'est plaint, nous en sommes sûr, de ce que l'on ait supprimé, dans les fêtes publiques, l'exécution de cette œuvre hybride et ordinairement mal venue, que l'on appelle d'un nom générique : pièce ou morceau *de circonstance*.

Quand un ministre commandait un de ces hors-d'œuvre scéniques, il obéissait à la tradition, et le compositeur ou le parolier n'aurait pas osé refuser « la commande », de crainte d'attirer sur sa tête toutes les foudres administratives. Pour qui connaît les vicissitudes de la vie d'artiste, il est impossible de blâmer ces auteurs qui, d'ailleurs, en écrivant de la musique *officielle* ou des vers *par ordre*, ne faisaient qu'œuvre de métier et pas autre chose. Cette façon, aussi monotone que peu récréative, de célébrer la gloire, la puissance, les succès, les vertus du Roi, de l'Empereur... et même du peuple souverain, avait un double tort, surtout dans ces derniers temps : d'abord, ce n'était qu'une série de redites, coulées dans le même moule, composées à la hâte, sans valeur artistique ; ensuite, cela ne relevait qu'imparfaitement de l'art dramatique proprement dit. Cependant, nous allons examiner ces ouvrages politico-lyriques sous un point de vue tout à fait spécial, et, là, nous leur trouverons une utilité relative : celle de fournir un certain appoint à notre histoire nationale et d'en augmenter les documents. Notre idée pourra paraître étrange au premier abord; mais nous espérons que la suite de notre étude prouvera le fait que nous voulons faire accepter.

* * *

A partir du jour où Pierre Perrin eut obtenu le privilège de l'Académie Royale de Musique, par lettres patentes du 28 juin 1669, toutes les *tragédies* que l'on représentait sur ce théâtre étaient précédées d'un prologue contenant une ou plusieurs scènes écrites pour célébrer la gloire du souverain. C'était fort naturel, et pour deux raisons principales : la première, c'est que, sous l'ancienne monarchie, où « l'État, c'était le Roy », pour paraphraser le mot de Louis XIV, le Roi ayant octroyé le privilège du théâtre, c'était bien le moins que le gratifié montrât de la reconnaissance envers le donateur ; ensuite, la plupart du temps, la première représentation avait lieu à la Cour, devant le monarque, et, comme l'étiquette défendait que personne avant le Roi osât donner le moindre signe d'approbation, les auteurs devaient, avant tout, essayer de se concilier la bienveillance d'un si puissant et si redoutable auditeur. C'est là, dans ces prologues, dont le sujet et les personnages sont presque toujours absolument étrangers à l'action de la pièce qu'ils précèdent, que nous retrouverons pas à pas les grandes lignes de l'histoire des règnes de Louis XIV et de Louis XV.

* * *

Le premier ouvrage représenté à l'Opéra, *la Pomone*, de Cambert (1671), fit son apparition au moment le plus radieux du siècle de Louis XIV. L'heureuse campagne des Flandres était terminée. Aussi, la nymphe de la Seine chante-t-elle la gloire du maître, en collaboration avec Vertumne, sans qu'on aperçoive le moindre nuage au ciel.

Pour *les Peines et les Plaisirs de l'Amour*, du même Cambert, et pour le premier ouvrage de Lully, *les Festes de l'Amour et de Bacchus*, nous trouvons toutes sortes de personnages dans la quiétude la plus parfaite : Vénus, la Renommée, Polymnie, de petits Amours et de simples mortels, bourgeois et *gens de bel air;* mais l'année suivante (1673), pour *Cadmus et Hermione*, ce calme et cette sérénité ne sont plus de mise. La guerre de Hollande a éclaté, et le prologue nous fait assister au triomphe du *Soleil*, qui terrasse le serpent Python et le plonge dans ses *marais bourbeux*. L'allusion est facile à saisir. C'est l'humide pays de Guillaume d'Orange qui est personnifié par le serpent Python.

*
* *

Dans les prologues d'*Alceste*, de *Thésée*, d'*Atys* et du *Carnaval* (1674-1675), on sent que les armées du Roi ont été partout victorieuses, aussi bien Louis XIV en Franche-Comté, Turenne en Alsace, Condé en Flandre (bataille de Senef contre Guillaume d'Orange), que Duquesne sur les côtes de Sicile.

Dans *Alceste*, la nymphe de la Seine et celle des « Thuilleries » (car, à cette heureuse époque, on avait la chance d'avoir une nymphe attachée à toutes les maisons royales), ces deux nymphes, disons-nous, s'unissent à la Gloire pour célébrer les conquêtes « du plus puissant Roy du monde ».

Dans *Thésée*, un groupe de divinités : Vénus, Cérès, Mars et Bacchus en font tout autant. Citons *ces beaux vers :*

Le maistre de ces lieux n'aime que la victoire,
Il en fait ses plus chers désirs;
Il néglige icy les plaisirs
Et tous ses soins sont pour la gloire.

Dans *Atys,* Cybèle apaise une querelle survenue entre Flore et Melpomène et veut que

... les plaisirs viennent de toutes parts
Dans l'empire puissant où règne un nouveau Mars.

Le *Carnaval,* lui, revient :

Pour divertir les soins du plus grand Roy du monde.

* * *

Ici, l'historien ouvre une parenthèse, au profit du musicien.

Nous verrons plus tard les compositeurs amoindrir considérablement leur style en mettant en musique des platitudes rimées, destinées à chanter les louanges des puissants du jour. Grétry et Gossec, en composant des ouvrages dits patriotiques; Méhul, Boïeldieu et nos contemporains, en laissant mettre leur nom à des cantates de *circonstance*, n'ont pu échapper à cette loi fatale.

Seul, Lully est resté un maître dans ces prologues écrits pour la gloire du Roi de France. Souvent même ces prologues, surtout celui de *Thésée*, par exemple, sont supérieurs au reste de la partition. Nous expliquerons cette anomalie par la raison suivante : la forme plus légère du prologue amenait Lully à produire de ravissants morceaux, alertes, pleins d'allure, que la forme sévère du grand récitatif déclamé excluait de la tragédie lyrique.

* * *

Le traité de Nimègue nous donne le prologue de *Proserpine* (1680), qui chante la Paix et toutes les faveurs qu'elle mène à sa suite : la Félicité, l'Abondance, qui font fuir ses ennemis : la Discorde, la Haine, l'Envie et tous les autres produits de la Guerre.

* * *

Dans le prologue du *Triomphe de l'Amour* (1681), Quinault et Benserade veulent être de parfaits courtisans. Ils essayent d'expliquer pour quelle raison Louis XIV avait accepté la paix, et ils mettent dans le rôle d'une divinité cette véritable gasconnade :

> Un héros que le ciel fit naître
> Pour le bonheur de cent peuples divers
> Aime mieux calmer l'univers
> Que d'achever de s'en rendre le maître.

La paix s'affirme et, dans *Persée* (1682), on vante la vertu du roi ; dans *Phaéton* (1683), on proclame le retour de l'Age d'or ; le prologue de *Roland* (1685) va même jusqu'à exhumer un souverain, à coup sûr bien ignoré des modernes, Démogorgon, « roy des Fées », qui s'écrie en clef de *fa*, quatrième ligne :

> Allons faire entendre nos voix
> Sur les bords heureux de la Seine
> Au vainqueur dont tout suit les loix.

* * *

L'*Idylle sur la Paix*, paroles de Jean Racine, *le Temple de la Paix*, l'*Églogue* appelée aussi *la Grotte de Versailles*, représentés tous trois en l'année 1865, ont le même objectif : célébrer les victoires de Louis XIV et la paix qui les a suivies.

Nous trouvons dans le dernier de ces ouvrages une image étonnante :

> Allons, bergers, entrons dans cet heureux séjour ;
> Tout y paraît charmant, *Louis* est de retour ;
> Il sort des bras de la Victoire.

*
* *

Mais les temps prospères ont passé vite ; la ligue d'Augsbourg s'est formée. L'Autriche, la Suède, une partie des États de l'empire d'Allemagne, plus tard l'Angleterre, se sont réunis pour lutter ensemble contre la France et son orgueilleux souverain (1688). Nous trouvons dans le prologue de *Thétis et Pélée*, musique de Colasse, paroles de Fontenelle, le reflet des terreurs de la foule. La Nuit est en scène, la Victoire vient bientôt la chasser ; mais ce personnage funèbre était bien fait pour émotionner le spectateur.

*
* *

Dans *Orphée*, de Louis de Lully (1690), c'est bien pis encore : on est en pleine guerre et c'est l'Hiver qui paraît au lever du rideau, au milieu d'une campagne couverte de neige. Le Printemps et sa riante suite lui succéderont sans doute! mais n'y a-t-il pas là un symptôme des appréhensions générales qui existaient en France, malgré ces paroles optimistes placées par le poète dans la bouche de Vénus :

En vain tout l'univers conspire
Pour obscurcir l'éclat de son empire,
Ce n'est que préparer un plus illustre prix
Au mérite de sa victoire.
Plus l'Envie à son bras oppose d'ennemis,
Plus grande sera sa gloire.

Heureusement, la bataille de Fleurus, gagnée par Luxembourg contre le prince d'Orange, vint réaliser ces espérances patriotiques.

La bataille de Nerwind (en 1693) est aussi presque annoncée dans le prologue d'*Alcide*, musique de Louis de Lully et Marais; pourtant Campistron, l'auteur du poème, n'est pas très rassuré. Bien qu'il ait placé le sujet de son prologue dans le temple de la Victoire, il fait adresser à la déesse du lieu cette exclamation qui n'est pas empreinte d'une grande joie :

> Hélas! nous fuirez-vous toujours?

Mais, à la fin de la même année, *Didon*, de Desmarets, est représentée; toutes les craintes ont fui et le prologue, qui se passe dans le théâtre de Mars, commence par cette phrase redondante :

> Publiez les exploits nouveaux
> Du vainqueur de la terre.

Deux mois après, on donne *Médée*, de Charpentier ; puis *Céphale et Procris*, musique de madame de Laguerre ; on y retrouve le même enthousiasme :

> Louis est triomphant, tout cède à sa puissance.

* * *

La paix n'est pas venue, malgré tous ces succès, et dans le prologue de *Circé*, musique de Desmarets (1694), nous lisons cette tirade pleine de tristesse :

Fuyons, fuyons une guerre sanglante ;
Éloignons-nous des malheureux climats
Où Mars fait régner l'épouvante.

*
* *

Jason ou la Toison d'or, musique de Colasse, paroles de J.-B. Rousseau, est joué pendant une des trêves qui précédèrent le traité de Ryswick (1696). Le vers suivant l'explique :

Un doux repos suspend les troubles de la terre.

Dans *Médée*, de Gervais et Boyer, qui fut représentée l'année même du traité, on aperçoit la fatigue des esprits, bien que l'abbé Boyer essaye, comme Quinault dans *Proserpine*, d'excuser Louis XIV de son humeur par trop belliqueuse :

Chantons ce Roy qui borne ses souhaits
A donner la paix à la terre ;
Tout prêt à quitter son tonnerre
Si les ennemis de la paix
Ne le forçaient à leur faire la guerre.

Nous trouvons dans *Issé* (1697), musique de Destouches, un avis qui précède le prologue. C'est la même idée :

« Ce prologue est une allégorie dont il est aisé de découvrir les rapports. Le Jardin des Hespérides représente l'Abondance.

» Le théâtre représente l'isle de Cythère; les Amours, *oisifs* pendant la guerre, sont endormys aux pieds des amantes qui sont couchées sur des lits de gazon. L'absence de leurs amants leur cause une tendre rêverie exprimée par leurs attitudes. »

VÉNUS

Tandis que Mars trouble la terre et l'onde,
Charmant sommeil, vous régnez à Paphos.
Dormez, Amours, dormez! on vous bannit du monde;
Vous êtes sans employ; jouissez en repos
Des douceurs d'une paix profonde.

(Une lumière brillante remplit les airs qui retentissent du son des trompettes.)

Quels concerts éclatants! c'est la Victoire! O Dieux!
Que vient-elle chercher dans ces paisibles lieux?

(La Victoire descend de son char au son des trompettes.)

LA VICTOIRE

D'où vient donc que Paphos au sommeil s'abandonne?
Il néglige sa gloire, il ne tente plus rien.

La douce Paix éteint le flambeau de Bellone,
C'est à l'amour à rallumer le sien.

VÉNUS

Amours, éveillez-vous ! songez à votre gloire.
Réparez les moments que vous avez perdus ;
Les cœurs que contre Mars disputaient la Victoire
A des efforts plus doux seront bientôt rendus.
Amours, éveillez-vous, songez à votre gloire.
Partez, Amours, partez, volez, lancez vos traits.
Ce beau jour vous promet cent conquêtes nouvelles.

(Les Amours obéissent au commandement de Vénus et s'envolent de toutes parts.)

Et vous, guerriers que ramène la Paix,
Venez trouver ici vos amantes fidèles.
Quel retour ! Quels doux instants
Si vous revenez constants !

Les guerriers, désarmés par la Paix, viennent retrouver leurs amantes et *expriment leur joye par des danses tendres.)*

* * *

Dans le prologue de *Télémaque*, de Destouches et l'abbé Pellegrin (même année), « le théâtre représente un lieu que les Arts viennent de construire et d'orner par ordre de Minerve, *à* l'honneur du Roy, qui vient de donner la paix à l'Europe. On y voit des trophées. Minerve et Apollon paraissent au fond.

Minerve est suivie des Vertus et des Arts; Apollon est accompagné des Muses. »

Les Plaisirs de la Paix (1715), — le titre nous dispense de toute autre explication.

Le prologue de *Théonoë*, de Salomon et l'abbé Pellegrin (même année), devait être magnifique de spectacle; jugez-en :

« Le théâtre représente le temple de Janus dans le fond. La statue du dieu paraît au milieu, tenant d'une main une clef et de l'autre une baguette. La porte est encore ouverte. Dans le tympan du frontispice, on voit un grand médaillon de Janus, représenté à deux visages, avec l'inscription *Jano conservatori*. Le reste de son frontispice est orné de haches, d'aigles romaines, et d'enseignes où on lit : S. P. Q. R.

» On y voit encore les statues des rois, des consuls et des empereurs qui l'ont fermé. Entre celles de Numa et d'Auguste s'élève un piédestal pour la statue de *Louis le Grand*, sous un magnifique pavillon soutenu par les génies de la Gloire.

» Clio et la France sont assises à droite et à gauche du piédestal. La décoration des ailes est une colonnade enrichie de vases d'or, avec des guirlandes, qui forment divers festons et entourent les médaillons des douze Césars, posés dans les entre-colonnements. Les deux côtés de la scène sont occupés par les provinces du royaume, élevées sur des gradins et représentées par leurs hérauts d'armes, portant chacun son étendard militaire et un bouclier sur lequel on voit les armes de la province. »

Après deux scènes où figurent la France, Clio et la Victoire, le temple de Janus se ferme et « présente aux spectateurs l'image de la Paix, couronnée d'olivier, tenant une corne d'abondance à la main et foulant aux pieds la Discorde et l'Envie...

« Les peuples des différentes provinces du royaume se partagent en six quadrilles composés des habitants de l'Ile-de-France, de ceux de Bretagne, de Poitou, de Provence, de Biscaye et d'Auvergne; ils témoignent par des danses la joye qu'ils ont de la clôture du temple de Janus. »

. . . .

Cet ouvrage était représenté le 5 décembre 1715. Louis XIV était mort deux mois auparavant: on avait bien placé sa statue dans le prologue ; mais nous n'y lisons pas une phrase qui pût lui servir d'oraison funèbre. On connaît d'ailleurs les tristes scènes qui accompagnèrent ses funérailles ; le peuple qui avait jeté de la boue sur le cercueil du vieux Roi n'eût peut-être pas alors souffert d'apothéose rimée en son honneur.

* * *

En 1721, nous trouvons *le Soleil vainqueur des Nuages*, de l'organiste Clérambault ; mais cet ouvrage n'appartient pas réellement au genre dramatique ; c'est une suite de scènes et d'airs sans connexité. Cette forme musicale se nomme cantate et deviendra plus tard le cadre le plus usité de la pièce politique ; elle n'est pas même nouvelle, puisqu'il nous est resté des cantates qui ont été chantées à la Cour de France, avant Lully.

A l'occasion du mariage de Louis XV avec Marie Leczinska (1725), nous retrouvons un prologue *de circonstance* dans *les Stratagèmes de l'Amour* (1726) :

Temple de la Gloire « consacré à l'éternité de l'Empire françois ».

« Au fond s'élèvent trois arcades où la statue de la France paraît entre celles de Pharamond (!) et de Charlemagne. Ces arcades portent les médaillons des rois des deux premières races ; celles des côtés, remplies de statues d'or, ornées de leurs draperies, représentent :

Hugues Capet.	Philippe-Auguste.
Charles le Sage.	Louis XII.
François Ier.	Henri IV.
Louis le Juste.	Louis le Grand.

» Un groupe de nuages descend. Il est soutenu par des Amours et des Grâces. Un trône y est placé, sur lequel le Roi et la Reine sont assis. Derrière eux, l'Hymen et l'Amour les couronnent de myrtes et de roses. »

Pauvre Reine !

* * *

La première représentation de *Pyrrhus*, musique de Royer, paroles de Fermelhuis (1730), eut lieu peu de temps après la naissance du dauphin. Le prologue de cet ouvrage est très intéressant, au point de vue historique. Il nous fait souvenir du nom d'un petit prince, mort fort jeune, que l'on confond, pour cette raison-là, avec un de ses oncles, son homonyme, qui monta sur le trône d'Espagne, le duc d'Anjou, petit-fils de Louis XIV.

Le duc d'Anjou, *fils de Louis XV*, naquit treize mois après son frère le dauphin, et avec cette placidité sereine qui présidait alors aux relations des écrivains avec le public, l'auteur du prologue imprime sérieusement la préface suivante que nous nous garderions bien de ne pas reproduire *in extenso* :

« On comprendra aisément que le prologue de cet opéra avait été fait au sujet de la naissance de Mgr le dauphin[1] ; comme celle de Mgr le duc d'Anjou *ne m'a pas donné le temps d'en recommencer un autre* qui embrassât les deux naissances de ces deux princes si chers à la France, j'ay été obligé d'ajouter un récit pour célébrer celle du second[2].

» J'espère que le public *voudra bien s'y prêter*.

1. Né à Versailles, septembre 1729.

2. Le voici :

Quel Jupiter encor, de votre hymen charmant,
Vient d'un nouvel éclat embellir votre chaîne.

» Je pourrais le prévenir sur la conduite de ma pièce et luy demander en même temps grâce pour les choses que je crains d'avoir manquées ; mais je ne suis pas assez vain pour vouloir luy préparer les réflexions qu'il doit faire sur mon poème, le droit de juger par lui-même d'un ouvrage qu'on luy présente n'étant réservé qu'à ses seules lumières. Je m'y soumets entièrement, trop heureux si le désir que j'ay de lui plaire a pu me procurer les moyens d'y réussir. »

A l'occasion de la naissance du dauphin, on ajouta, le dimanche 8 octobre 1730, à l'Opéra, un divertissement intitulé : *le Caprice d'Érato*, au vieil ouvrage de Marais, *Alcyone*, joué pour la première fois en 1708. Ce divertissement fut exécuté plusieurs fois devant Louis XV et Marie Leczinska, et à la fête de Trianon.

* * *

Nous voici arrivés au plein essor d'une période funeste, l'époque des *fragments*, qui avait commencé avec *l'Europe galante*, de Campra. Les grands ouvrages nous feront défaut. Sauf

Rameau, qui pourtant, lui aussi, a souvent sacrifié à la mode du jour, il n'y a plus de musicien capable d'écrire une partition de longue haleine; on ne joue plus que des combinaisons de pièces en un acte, que le titre seul relie entre elles, — des spectacles coupés, comme on dirait de nos jours; — et cet usage ridicule subsista jusqu'à l'arrivée du grand Gluck, qui, heureusement, vint relever « l'Académie » de son déplorable abaissement.

Avec ces *fragments,* peu de prologues. Nous ne pourrons plus suivre ainsi les événements de notre histoire nationale, si ce n'est dans quelques ouvrages de circonstance que nous rencontrerons quelquefois; mais ils deviennent rares.

* * *

Nous avons à signaler d'abord le *Ballet de la Paix* (1738), qui tire son nom du traité de paix signé à Vienne entre Louis XV et l'empereur d'Autriche : le prologue y fait allusion et la pièce est composée de trois *entrées* distinctes : *Philis et Démophon,* — *Iphis et Iante,*

— *Philémon et Baucis*, et on ajoutait à l'envi d'autres entrées, suivant les besoins du *service*, pour employer une expression moderne.

En 1744, *les Augustales*, divertissement des deux musiciens siamois, Rebel et Francœur, paroles de Roy. Ce petit acte fut composé à l'occasion du rétablissement de la santé du Roi, événement qui provoqua dans toute la France une explosion d'enthousiasme et valut à Louis XV le surnom de *Bien-Aimé*.

Ces *Augustales* constituaient une allégorie historique.

Quand Auguste revint à Rome à la suite d'une grave maladie contractée en Espagne, un temple fut élevé à Hygie, la déesse de la Santé, et l'on institua des fêtes que l'on nomma *Augustales* et qui devaient être célébrées chaque année au mois d'octobre.

Louis XV revenait à Paris de Metz, guéri de la terrible maladie à laquelle il avait failli succomber. De Louis XV à Auguste, il y avait assez de dissemblance; mais le poète Roy n'y regardait pas de si près, et *les Augustales* (c'est-à-dire une fête en l'honneur d'Hygie, fille d'Esculape) furent données le 14 novembre 1744.

*
* *

L'année suivante, date de la mémorable bataille de Fontenoy, nous avons à mentionner quatre documents lyrico-historiques :

Le prologue de *Zelindor, roy des Sylphes*, de Rebel et Francœur, paroles de Paradis de Moncrif ;

Deux cantates : *le Trophée,* des mêmes auteurs, et *Jupiter, vainqueur des Titans,* de Colin de Blamont et son neveu de Bury, paroles de Bonneval, exécutées à Versailles ;

Plus, un ouvrage de Rameau, paroles de Voltaire, intitulé : *le Temple de la Gloire*, fête en cinq actes, qui n'obtint aucun succès. L'auteur de *Zaïre* ignorait absolument les procédés de l'art lyrique.

Le traité d'Aix-la-Chapelle (1748) fut célébré à l'Opéra, au commencement de l'année suivante, par *Naïs*, « opéra pour la paix », de Rameau, paroles de Cahuzac. Le prologue a de grandes similitudes avec *Jupiter, vainqueur des Titans*.

« Le théâtre *représente les airs*. On voit sur la terre les Titans et les Géants qui entassent les monts pour escalader les cieux. Ils sont conduits par la Discorde et la Guerre. Dans les airs, on découvre Jupiter (Louis XV), armé de sa foudre et entouré des dieux du ciel. »

Ce prologue a pour sous-titre : *l'Accord des dieux*.

*
* *

Après le traité d'Aix-la-Chapelle, la France se repose, et avec la paix recouvre en un instant toute sa force et toute sa prospérité. L'Opéra ne fait pas comme notre beau pays; il végète tristement. Son répertoire se rétrécit : de petits ouvrages en un acte, sans la moindre importance pour la plupart, avec lesquels on constitue de nombreux *fragments;* grands succès cependant pour *la Serva Padrona,* de Pergolèse, jouée par les bouffons italiens, et pour *le Devin de village*, de Jean-Jacques Rousseau.

Hélas! la guerre de Sept ans s'engage (1756-1763), l'Académie Royale de Musique n'a plus la force ni de chanter la prise de Port-Mahon par Richelieu, ni de déplorer la défaite de Soubise à Rosbach. L'attentat de Damiens ne provoque même pas son indignation royaliste.

Le dauphin se marie en 1770; pas la moindre cantate. L'Opéra se contente, à l'occasion du mariage de l'héritier du trône, de donner, en représentation GRATUITE, *Zaïde*, partition assez médiocre de Royer, et cela au grand déplaisir des gens de goût, en général, et du sieur de Bachaumont en particulier.

Pas la moindre représentation au bénéfice des victimes du sinistre de la place Louis XV.

Décidément, la musique officielle subit maintenant un véritable temps d'arrêt. Est-ce « par défaut d'argent », comme le prétend le même Bachaumont à propos du mariage du comte de Provence, pour lequel « les fournisseurs ne veulent rien faire à crédit »? C'est possible. Les guerres, désastreuses pour le Trésor royal, et les favorites, qui lui furent plus désastreuses encore, ont mis à sec les caisses des fermiers généraux.

* * *

L'infortuné Louis XVI devient roi le 10 mai 1774, et, jusqu'à la Révolution française, nous n'aurons à signaler aucune corrélation entre l'histoire de France et celle de l'Opéra; mais, en revanche, à partir de la Convention, les pièces politiques sont tellement nombreuses, que nous craignons d'en omettre quelques-unes : nous ne citerons, du reste, que celles qui ont été représentées sur le théâtre, lequel s'est appelé successivement : Académie Royale et Impériale de Musique, Opéra et Opéra national, Théâtre des Arts, Théâtre de la République et des Arts, Théâtre de la Nation, Théâtre national, royal et impérial de l'Opéra.

Cette partie de son répertoire est la plus curieuse sans contredit.

Reflet sinistre de ces temps troublés, héroïques et terribles, où la comédie se mêle à chaque instant au drame le plus poignant; où les larmes viennent tout à coup arrêter le sourire; où les idées les plus étranges et les plus folles se coudoient sans cesse avec les pensées les plus hautes du devoir et du patriotisme, on trouve tout cela dans la série des ouvrages représentés à l'Opéra depuis 1793 jusqu'en 1797.

Nous tâcherons d'étudier, aussi brièvement qu'il nous sera possible, chacune de ces pièces, dont quelques-unes sont rarissimes, d'autres inédites. La bibliothèque de l'Opéra a le bonheur d'en posséder la série à peu près complète.

Le premier ouvrage, en date, est *le Triomphe de la République ou le Camp de Grand-Pré* [1], de Gossec et M.-J. Chénier, 27 janvier, an II (1793). Il y a toute sorte de personnages : des généraux, des soldats et des invalides, des officiers municipaux, des gardes nationaux, des paysans, des femmes et des enfants. On danse autour de l'arbre de la Liberté, on chante et on festoye. Tout à coup, on entend battre la générale, et tous les jeunes gens courent à leurs armes. On chante un chœur à la Liberté, et la Liberté elle-même descend du ciel, sur un nuage, accompagnée des génies des Arts et de l'Abondance; bientôt elle vient s'*asseoir sur un trophée* d'armes et de drapeaux.

Nous retrouvons là, avec quelques modifications que l'actualité avait exigées, les mêmes procédés que sous Louis XIV et Louis XV,

1. Camp de Dumouriez, dans les Ardennes, près de Vouziers.

Tout finit par des danses et des chants joyeux.

*
* *

La Patrie reconnaissante, ou l'Apothéose de Beaurepaire, des citoyens Candeille et Le Bœuf (3 février). — L'histoire nous raconte que, Verdun étant assiégé par les Prussiens, Beaurepaire, chef du 1er bataillon de Maine-et-Loire, fut chargé de défendre la ville et voulut combattre jusqu'à la dernière extrémité. Son conseil de guerre ayant été unanimement d'avis de capituler, Beaurepaire se donna la mort plutôt que de se rendre. La France entière applaudit à cette fin héroïque. La Convention ordonna le transport du corps de Beaurepaire au Panthéon, et décréta qu'une rue de Paris porterait son nom à l'avenir.

Comme à l'ordinaire, « l'opéra héroïque » de Le Bœuf est un mélange de belles pensées et d'inepties. Ainsi le Destin apparaît, et, s'adressant à la veuve du héros, il l'appelle : *citoyenne estimable.*

Beaurepaire n'eut pas une longue apothéose, deux représentations seulement.

*
* *

Le Siège de Thionville, du citoyen Louis Jadin, paroles des citoyens Saulnier et Dutilh (4 juin), n'arriva que péniblement à la représentation. Les députés de la Moselle durent agir auprès des administrateurs de l'Opéra pour faire représenter un ouvrage qui était « le plus sûr moyen d'entretenir et de conserver ce feu sacré qui épurait les actions des Scævola, des Fabricius et des Aristide ».

Une particularité à noter dans cette pièce, c'est qu'il n'y avait pas le moindre rôle de femme ; c'était bon « pour les timides et fantastiques vertus des monarchies ».

Dans la même année 1793, nous avons à citer deux véritables ouvrages dramatiques dont les sujets réussirent par suite des nombreuses allusions politiques qui y abondaient, mais qui contenaient pourtant des scènes bien faites. Ils étaient écrits d'une façon normale et les partitions avaient une certaine valeur. Ils avaient pour titre : l'un, *Fabius*, du citoyen Le Froid de Mereaux, un musicien que notre génération ne connaît pas et qui mériterait mieux que cette renommée négative ; l'autre, *Miltiade à Marathon*, du citoyen Le Moyne.

*
* *

On ne se contentait pas, à cette époque, d'écrire des pièces patriotiques ; les chorégraphes eux-mêmes réglaient des ballets pleins de civisme. Nous pouvons citer *les Muses*, de la composition du citoyen Hus, deuxième maître des ballets de l'Opéra (même an II). Il dédie son ballet à ses *braves frères d'armes, les sans-culottes*.

*
* *

Une scène lyrique : *la Montagne ou la Fondation du temple de la Liberté*. — La fameuse citoyenne Maillard personnifiait la déesse ; les auteurs se nommaient Fontenelle et Milcent.

*
* *

L'année suivante, l'Opéra donna aux patriotes une pièce dont la bibliothèque du théâtre possède deux exemplaires : l'un en deux actes, telle que l'œuvre fut présentée au comité; l'autre en un acte, telle que le public la connut. Le titre en est assez prime-sautier : *Toute la Grèce ou ce que peut la Liberté.* Nous copions textuellement :

« Épisode civique en deux actes (fait exprès pour l'Opéra), reçu avec acclamation le 24 septembre dernier, à l'Académie de Musique, pour y être représenté *au plus tôt;* ouvrage dédié à la Convention nationale, à la Commune de Paris et aux sections de *Guillaume Tell* et de *Bonne-Nouvelle*, d'où sont les deux auteurs. Paroles du cousin Jacques (Beffroy de Teigny), musique du citoyen Le Moyne. »

Au dénouement, « Philippe de Macédoine brisait sa couronne, à l'aspect des vertus et du courage des républicains, et leur jurait une éternelle amitié; mais nous avons senti, par l'exemple de Porsenna, dans *Mutius Scævola,* qu'il était dangereux et impolitique de mettre sur la scène un roi quelconque... Vicieux ou vertueux, heureux ou malheureux, mort ou vif, *il n'en faut plus...* » L'auteur ajoute plus loin : « Il a fallu (comme il le faut toujours) *dénaturer* un peu l'histoire et embellir la vérité par des fictions, pour la rendre analogue à notre situation politique et susceptible de produire au théâtre l'effet qu'on attend d'un ouvrage patriotique. »

*
* *

La partition de Méhul, *Horatius Coclès*, rentre dans l'ordre des pièces dramatico-politiques, avec *Fabius* et *Miltiade* (18 février 1794).

Le mois suivant, *Toulon soumis*, FAIT HISTORIQUE, musique du citoyen Rochefort, paroles du citoyen Fabre-Olivet. Le titre seul indique le sujet de la pièce, qui fut écrite pour célébrer la prise du fort de l'Éguillette par le chef de bataillon Bonaparte, commandant l'artillerie du siège, et qui rendit à la France notre beau port de Toulon, livré à la flotte anglo-espagnole.

*
* *

Nous avons maintenant à parler de la plus curieuse manifestation révolutionnaire qui ait eu lieu sur la scène de l'Opéra : *la Réunion du 10 août, ou l'Inauguration de la République française, sanculotide* (*sic*) dramatique, en cinq actes, en vers, mêlée de déclamations, chants, danses et évolutions militaires, par les citoyens G. Bouquier, membre de la Convention nationale et du Comité d'instruction publique, et P.-L. Moline, secrétaire-greffier attaché à la Convention[1], dédiée au PEUPLE SOUVERAIN, et représentée pour la première fois le 16 germinal an II (5 avril 1794).

ACTE PREMIER

« Le théâtre représente l'emplacement de la Bastille. Parmi ses décombres, on voit la fontaine de la Régénération, représentée par la Nature, qui, pressant de ses mains ses fécondes mamelles, en fait jaillir deux sources d'une eau pure, qui s'épanchent dans un vaste bassin. Plusieurs arbrisseaux entourent la fontaine. Des citoyens, de tout sexe et de tout âge, sont occupés, avant le point du jour, à orner de fleurs l'enceinte du lieu où la cérémonie de la fête doit commencer. »

Au lever du rideau : l'ordonnateur de la fête et une citoyenne qui préside aux travaux des ouvriers ; on travaille et on danse autour de la statue. Des citoyens apportent

1. Porta, l'auteur de la musique, n'est pas nommé sur le livret.

des guirlandes de fleurs pour orner le piédestal; le canon annonce les membres de la Convention, qui arrivent, précédés de leur Président et suivis des Envoyés des Assemblées primaires, des ministres, des autorités constituées et de la foule des citoyens et citoyennes.

« Les membres de la Convention se rangent autour de la Nature. Les Envoyés forment une chaîne autour d'eux. Huit d'entre eux portent sur un brancard une arche ouverte qui renferme les tables sur lesquelles seront gravés les Droits de l'homme et l'Acte constitutionnel. L'aurore commence à paraître. »

Le Président adresse un discours à la Nature, « prend une coupe, et, après avoir, par une espèce de libation, arrosé le sol de la liberté, il boit le premier et fait successivement passer la coupe aux Envoyés des Assemblées primaires. A chaque fois qu'ils boivent, une salve d'artillerie annonce la consommation de l'acte de fraternité; on prononce encore des discours à la Nature, et, après cette cérémonie, le Président donne le signal de l'Union fraternelle, et l'ordonnateur de la fête, faisant mêler sans distinction tous les citoyens, lui imprime son plus beau caractère ».

Ils sortent de l'enceinte de la Bastille sur un chœur dansé.

ACTE II

« Le théâtre représente un arc de triomphe entouré d'arbres et sur lequel on lit cette inscription : *Comme une vile proie, elles ont chassé le tyran devant elles.* On voit sur les côtés de l'arc de triomphe les femmes des 5 et 6 octobre, assises sur les affûts de leurs canons, telles qu'elles étaient sur le chemin de Versailles. Les citoyens et les citoyennes occupent le fond du théâtre. »

Récit, chœur et ballet des *Héroïnes*. Les personnages officiels du premier acte reparaissent, — « au son d'une marche ; les héroïnes se replacent sur les affûts de leurs canons ». Le Président de la Convention leur fait un long discours, leur distribue des couronnes de laurier et leur donne l'accolade fraternelle.

« Une troupe de jeunes aveugles paraît. Ils sont traînés dans un plateau roulant (?), accompagnant leurs chants avec divers instruments de musique; puis viennent les *Nourrices des enfants trouvés* et une troupe d'artisans qui les accompagnent. Ils portent une bannière sur laquelle on lit cette inscription : Les

ENFANTS DE LA PATRIE. Les Nourrices portent les *enfants* dans de blanches *bercelonnettes* », Récitatif enthousiaste du Doyen des Assemblées primaires :

> Console-toi, cher nourrisson,
> D'avoir été méconnu par un père !
> Ta famille est la nation,
> Et la République est ta mère.
> Tu béniras la Révolution.

Une symphonie agreste et gaie annonce une troupe d'habitants des campagnes ; ils accompagnent un vieux laboureur et sa vieille épouse, qui sont traînés *dans* (?) *une charrue* par leurs deux enfants. Un citoyen porte à côté d'eux une enseigne sur laquelle on lit cette inscription : *Voilà le service que le peuple infatiguable* (sic) *rend à la société humaine.* Le vieux laboureur et sa femme chantent un duo, et leurs *enfants* reçoivent de l'ordonnateur deux couronnes en chêne. — Ballet et hymne à la Liberté.

ACTE III

« Le théâtre représente la place de la Révolution : on y voit la statue de la Liberté, entourée d'arbrisseaux ornés de rubans tricolores. A côté de la statue s'élève un bûcher sur lequel on doit placer les attributs de la royauté pour y être consumés. Le fond du théâtre représente les Champs-Élysées. »

On lève le rideau, et les mêmes personnages officiels se rangent entre la statue de la Libérté et le bûcher. Plusieurs citoyens, *au son d'une marche*, apportent sur le bûcher les attributs de la Royauté. Récitatif du Président ; chœur.

Le Président et l'ordonnateur mettent le feu au bûcher. Aussitôt le trône, le sceptre, la couronne, les fleurs de lys et l'écusson, tout disparaît au bruit pétillant des flammes. Air d'un citoyen ; — une foule d'oiseaux de toutes les espèces sortent du bûcher enflammé. *Deux colombes vont se réfugier sous les plis de la draperie de la statue de la Liberté.* — Émotion générale.

Une troupe de citoyens et de citoyennes, costumés à l'antique, les héroïnes des 5 et 6 octobre, citoyens et citoyennes de tout âge et de tout sexe; plusieurs enfants viennent déposer, au son d'une marche (toujours), des fleurs et des parfums, *sur un autel*, placé au-devant de la Liberté. — Hymne, chœur et grand ballet.

ACTE IV

« Le théâtre représente la place des Invalides. Sur la cime d'une montagne, on voit un colosse, symbole du peuple français : d'une main il rassemble le faisceau départemental ; de l'autre, il écrase le monstre du fédéralisme. »

On revoit, à la première scène, les mêmes dignitaires ayant à leur tête le Président de la Convention, qui prononce un interminable discours. « Une troupe de jeunes Orphelins de la Patrie, accompagnés de leurs mères », prononce le serment d'anéantir les rois.

Devant ce colosse imposant,
Image de la République.

ACTE V

« Le théâtre représente le Champ-de-Mars ; on y voit l'autel de la Patrie et, à côté, un piédestal sur lequel est placée l'urne antique où reposent les cendres des guerriers morts dans les combats. A deux Termes, placés l'un vis-à-vis de l'autre, on a suspendu un ruban tricolor (*sic*) et, au ruban, un niveau, symbole de l'Égalité. »

Les inévitables personnages des autres actes « sont tous rangés autour de l'autel de la Patrie, où chacun a suspendu pour offrande les fruits de son métier ou de son art. Le Président monte sur les marches de l'autel, y dépose les actes de recensement et le vœu du peuple français pour la Constitution, qu'il proclame en sa présence. Le Président reçoit les piques que lui présentent les envoyés des Assemblées primaires, et les rassemble dans un seul faisceau. Récitatifs, chœurs, bruit du canon, salve d'artillerie » ; le Président couvre l'urne cinéraire de palmes et de lauriers. Récitatif, chœur, ballet général.

La *sanculotide* eut, qui le croirait? vingt-quatre représentations! Le lendemain de la quatorzième exécution, le 20 prairial, le théâtre fit « relâche à cause de la fête à l'Être suprême ».

* * *

Nous avons à citer encore deux ouvrages curieux de cette étrange époque : *Denys le Tyran, maître d'école à Corinthe* (6 fructidor an II, 23 août) et *la Rosière républicaine* 6 nivôse an III, 26 décembre), tous deux des mêmes auteurs : le citoyen Grétry, pour la musique, et le citoyen Sylvain Maréchal, pour les paroles.

*
* *

L'histoire nous apprend que Denys *le Jeune* fut chassé de Syracuse par Timoléon, et que, réfugié à Corinthe, il fut obligé d'y ouvrir une école pour gagner sa vie. Cela se passait 343 ans avant Jésus-Christ.

Sylvain Maréchal a pris cet épisode et nous montre Denys dirigeant son école sous le nom peu historique de Géronte. En attendant ses écoliers, Denys cherche dans sa poche *son diadème* (qu'il porte toujours sur lui, à ce qu'il paraît) et l'*embrasse* avec effusion ; mais les élèves arrivent ; il cache bien vite cet attribut de la tyrannie et se met en devoir de commencer la leçon : *alpha, bêta, gamma*, etc.

Comme l'alphabet n'est pas bien épelé, Denys distribue force coups de férule. Chrysostome son voisin, savetier de son état, survient, et lui reproche, en termes ultra-philosophiques, sa brutalité et ses abus de pouvoir. Pour mieux le catéchiser, il l'entraîne boire du falerne à la taverne voisine (*sic*). Là, Chrysostome malmène tous les tyrans en général et le nommé Denys de Syracuse en particulier. Celui-ci est inquiet. La femme de Chrysostome reproche à son mari d'aller boire avec un homme « de si mauvaise mine », d'autant plus, qu'en tirant une pièce d'argent de sa poche, elle s'est aperçue que l'effigie, qui s'y trouve gravée, ressemble beaucoup « au despote Denys ».

Les réflexions du savetier, pendant la leçon qui suit cette première promenade à *la taverne*, sont amusantes au possible. Denys lui réplique :

> Je sais bien ce que je dois dire :
> Que chacun fasse son métier.
> Ainsi que tu l'entends, tu répares un soulier.
> J'ai ma méthode pour instruire.

Et... ils retournent tous deux à la taverne.

Mais les écoliers, livrés à eux-mêmes pendant ces nombreuses libations, jouent à toutes sortes de jeux (non renouvelés des Grecs) et finissent par la ronde du *roi* fondu.

A la fin du chœur, « on se jette sur Denys, on le fait tomber par terre ou sous la table, on le chamaille, on le tire par ses habits... » La femme de Chrysostome aperçoit un *bout de diadème* prêt à tomber de la manche de Denys.

On y lit en lettres de perles et d'or : « Denys, roi de Syracuse. »

Le peuple arrive en foule, le *magistrat* est appelé, et Denys est chassé, reconduit entre quatre soldats. Les enfants le suivent avec des verges qu'ils ont prises à l'école.

La pièce finit par un ballet général.

*
* *

Dans *la Rosière républicaine ou la Fête de la Raison*, nous avons pour personnages le maire, le curé, l'officier municipal, Lysis, fils du maire, un vieillard, de vieilles mères de famille, paysans et paysannes.

« Le théâtre représente une place de village ; le porche d'une église de campagne au fond ; au milieu, l'arbre de la Liberté, la maison curiale à gauche. »

On prépare une fête et

Les vieillards sont mandés pour choisir la plus sage
Qui doit figurer la Raison.
Lysis espère que leur suffrage
Couronnera la sensible Alison.

Quelque temps après, les matrones du village

surviennent et frappent à la porte de l'église. Le curé ne répond pas. Elles disent alors leurs patenôtres. « Le porche de l'église s'ouvre ou plutôt disparaît pour faire place à un autel placé sur l'ancien. Au frontispice, on lit : *A la Raison!* Les habitants du hameau affluent de toutes parts. On chante un hymne à la nouvelle divinité. Le curé, ébloui, arrive au milieu de la fête, déchire son bréviaire, et, après avoir enlevé sa soutane, *paraît habillé en sans-culotte*. Il chante même des couplets :

Dans le temple de la Raison,
Aux yeux de la Nature,
Je veux me mettre à l'unisson,
Abjurer l'imposture.
. . . .
Oui, je reprends ma dignité
D'homme libre et pensant; je veux qu'à cette fête
On place sur ma tête
Le bonnet de la Liberté.
Au diable la calotte!
Au diable la marotte!
Je me fais sans-culotte (*bis*).

LE CHOEUR.

Un curé sans-culotte!

Et le tout finit par un ballet de la composition du citoyen Gardel.

*
* *

En l'an VI, 18 floréal (7 mai 1798) *le Chant des Vangeances*. Cet intermède, mêlé de pantomimes, a cela de curieux qu'il est tout à la fois composé en l'honneur des *Victimes de la Terreur* et dédié *aux Mânes des Braves*, tels que Marceau, Hoche, etc.

Le 26 prairial an VII (14 juin 1799), *la Nouvelle au camp de l'assassinat des ministres français à Rastadt, ou le Cri de Vangeance*, scène lyrique.

Le 2 janvier 1807, encore un intermède mêlé de chants et de danses : *l'Inauguration du temple de la Victoire*, musique de Le Sueur et Persuis, paroles de Baour-Lormian.

D'après une note autographe de Persuis, adressée à Lefebvre, copiste de l'Académie, que l'auteur de cette étude a trouvée en faisant l'inventaire de la bibliothèque, cet intermède, répété sous le titre de *Chant des Conquêtes* (qui figure sur les parties séparées), a été aussi appelé *le Temple de la Victoire*.

L'ouverture est de Winter. Le livret indique aussi Le Sueur comme collaborateur de Persuis; il aurait bien pu reconnaître également la collaboration de Kreutzer, puisque Persuis a emprunté à ce dernier, pour le final, tout un air d'*Astyanax*.

*
* *

On pourrait bien admettre comme pièce politique *le Triomphe de Trajan* (23 octobre 1807), des mêmes musiciens, puisque l'empereur romain devait personnifier l'empereur Napoléon.

En revanche, *le Triomphe du mois de mars, ou le Berceau d'Achille*, opéra-ballet, musique de Kreutzer, doit figurer dans cette nomenclature, puisqu'il fut composé « à l'occasion de la naissance du roi de Rome (27 mars 1811) ».

*
* *

Le 25 juillet 1815, cinq auteurs qui n'avaient cessé de célébrer la gloire de l'Empereur et Roi : Persuis, Berton, Kreutzer, et deux chorégraphes : Milon et Gardel, écrivaient un ballet pour fêter la rentrée des Bourbons et lui donnaient pour titre : *l'Heureux retour*. Schneitzhœffer, le futur auteur de *la Sylphide*, débuta brillamment dans ce ballet en écrivant de très jolies variations sur les airs : *Charmante Gabrielle* et *Vive Henri IV!*

* * *

Notre tâche sera bientôt terminée ; nous allons donner, comme épilogue, une énumération succincte des cantates et des couplets politiques exécutés à différentes époques sur la scène de l'Opéra.

Sous la République : *l'Offrande à la Liberté; Hymne à la Liberté; Hymne à la Victoire; le Serment républicain*, de Gossec ; *le Chant du Départ*, de Méhul ; *la Marseillaise*, de Rouget de Lisle.

* * *

Sous le Consulat : *le Chant de la Paix*, de Le Sueur.

Sous le premier Empire : Cantates *pour le Mariage de l'Empereur* et *pour la Naissance du Roi de Rome; Chant triomphal*, de Méhul ; *Chant de triomphe*, de Le Sueur.

Sous la Restauration : *Vivat français*, du même Le Sueur ; une cantate de Méhul, remarquable en ce sens que la musique a servi aux deux régimes politiques, — on s'était contenté de changer les paroles ; — puis des compositions de L. Jadin, Persuis, Plantade, Nicolo et Piccinni.

Sous Louis-Philippe, la fièvre des cantates s'apaise. Sauf trois pièces : *Lafayette, Liberté, Ordre public,* de Carulli (1830), et une cantate, *la Parisienne*, composée en 1837 par Ad. Adam, « pour le bal donné par la garde nationale à la duchesse d'Orléans », nous n'avons rien à mentionner.

Il en est de même pour la : République de 1848. On se contente de reprendre les chants de Gossec, de Méhul et de Rouget de Lisle, de 1792. Nous ne trouvons qu'une cantate chantée par madame Viardot (sans nom d'auteur), le chœur des *Girondins,* de Varney, et un *Chant national,* de Blanchard.

*
* *

Sous le second Empire, la maladie des cantates reprend avec fureur. Nous citerons les cantates les plus importantes, et d'abord la première en date : *la France sauvée* (1852), musique de V. Massé; *pour le Mariage de l'empereur* (1853), par Deldevez; *la Crimée* (1855), par Ad. Adam; *pour la Prise de Sébastopol,* par Auber; *pour la Naissance du Prince impérial* (1856), par Ad. Adam; *Magenta*, par Auber (1859); *Victoire!* (Solférino), par E. Reyer; le fameux hymne de Rossini, *dédié à Napoléon III et à son vaillant Peuple*, avec canons, cloches, etc.; « excusez du peu! » avait ajouté le maître (1867); puis d'autres cantates signées Charles de Bériot, J. Cohen, Duprato, Léo Delibes, L. Gastinel, E. Gautier, Gevaërt, A. Maillart, Th. Semet, Wekerlin.

*
* *

Hélas! l'année 1870 est venue. La guerre nous menace, guerre sinistre! L'enthousiasme éclate dans tous les cœurs et se peint sur tous les visages. Les cris : « A Berlin! à Berlin! » retentissent encore à nos oreilles comme un glas funèbre; et plus de dix années pourtant ont passé depuis cette triste époque!

Le Rhin allemand, de Musset, mis en musique par Ch. Delioux et orchestré par Léo Delibes, est exécuté sur la scène de l'Opéra, le 29 juillet. C'est Faure qui chante le solo ; il est en uniforme de lieutenant de mobiles. Comme figuration, on a placé soixante fantassins et trente cuirassiers en tenue de campagne. Combien en est-il revenu, de ces malheureux figurants?

Quelques jours après, le 8 août, autre cantate : *A la Frontière!* de Ch. Gounod, paroles de J. Frey.

*
* *

Après les malheurs de la guerre, les horreurs et les incendies de la Commune.

Celle-ci avait décidé qu'un concert aurait lieu, à l'Opéra, au profit des blessés. Le programme était composé de différents morceaux du répertoire et de deux chœurs, écrits pour la circonstance par M. Raoul Pugno ; ils sont restés à la bibliothèque de l'Opéra, inédits et autographes.

Ces chœurs avaient pour titres : *Hymne aux Immortels* et *Alliance des Peuples*.

Le concert devait avoir lieu le 22 mai 1871 ; *il fut répété et affiché;* mais l'entrée de « l'armée de Versailles » en a différé indéfiniment l'exécution.

*
* *

Nous venons de parcourir, comme on vient de le voir, deux siècles de notre histoire. N'avions-nous pas raison de dire, en commençant, que le théâtre de l'Opéra a fatalement reçu le contre-coup de toutes les phases de prospérité ou de misère, de triomphe ou de revers qu'a traversées notre chère France?

*
* *

Mais, en outre de toutes ces cantates officielles à grand déploiement de mise en scène, d'effets vocaux et d'effets d'orchestre, la bibliothèque de l'Opéra possède aussi un très intéressant recueil de morceaux de petite dimension, strophes ou couplets avec accompagnement de piano, dont les paroles reflètent d'une façon curieuse l'opinion publique de leur époque.

Petits ou grands événements survenus dans

notre siècle, guerres, émeutes ou révolutions, personnages marquants, rois, empereurs, princes, hommes d'épée, hommes de plume, tous sont célébrés, en majeur ou en mineur, par des pseudo-musiciens, dont on chercherait vainement les noms dans les huit volumes de la *Biographie* de Fétis, pas plus que dans la *continuation* de cet ouvrage, qu'Arthur Pougin a fait paraître récemment.

Nous voulons parler ici d'une foule de petits morceaux inconnus, gravés, la plupart du temps, aux frais de leurs auteurs, d'inoffensifs amateurs, dont la foi politique tenait lieu de science.

Une main patiente a réuni toutes ces épaves qui constituent une véritable mascarade musicale, si l'on daigne donner le nom de musique à ces élucubrations. Il est tels de ces « hymnes », de ces « cantates héroïques », de ces « chants nationaux », qui ont une extravagance d'allure à dérider, non seulement un artiste, mais même un politicien ou un diplomate.

*
* *

Nous allons feuilleter ensemble cette collection de musique... amusante. La *poésie* est imprégnée d'une saveur prud'hommesque qui eût transporté d'aise Henry Monnier lui-même. On en jugera par les extraits qui vont suivre.

Ces rimeurs dynastiques avaient d'abord une qualité particulière; leur prosodie et leur orthographe leur appartenaient sans partage.

Ainsi, dans *le Sacre de Charles X* (paroles et musique de Maurice Onslow, qu'il ne faut pas confondre avec son homonyme Georges, compositeur, membre de l'Institut), dans *le Sacre de Charles X*, nous trouvons ces perles de différentes grosseurs :

A la seconde strophe :

« Guerriers *émuls* du preux Bayard
Soutiens de l'autel et du *thrône,*
Soyez l'invincible *rampart*
Qui seul protège la couronne. »

A la troisième strophe :

« Du sein de l'immortalité
Pour un frère le roi *martyre.* »

Puis à la cinquième :

« Sous la *bannière* de l'Honneur
Vous savez charmer la Victoire.
Le guerrier vous doit son bonheur,
Ses *trophés*, sa vertu, sa gloire. »

A la fin, ce vers étonnant :

« Pour Charles, reçois nos serments,
Secours un roi que la terre aime. »

Dans *la Polonaise*, ce vers mirifique :

« Sur tes nouveaux lauriers, repose en paix, ô France. »

Dans l'*Hymne funèbre à Napoléon le Grand* :

« Après tant de combats, de superbes trophées,
L'exil au sein des mers, sur un rocher maudit;
Et là des *regrets sourds*, des plaintes étouffées,
Puis la mort, mort sublime et que pour lui Dieu fit. »

*
* *

La Sentinelle de Blaye est moins étrange comme grammaire, mais n'en est pas moins curieuse comme sujet. Les paroles de ce... poème sont de M. Emmanuel de Pujol, chevalier de l'ordre royal et militaire de Saint-Ferdinand :

« Tout reposait *sur la foi du geôlier*,
Et près des murs de la sombre tourelle
Morne mais fier, chantait un grenadier,
Noble débris de la garde fidèle.
« Fille des rois, repose en paix,
« Le cri d'honneur se fait entendre ;
« Et près de toi le soldat français
« *Ne veille que pour te défendre.* »

Il faut remarquer que ces estimables auteurs éprouvaient le besoin irrésistible de faire miroiter, aux yeux du public, leurs titres et leurs qualités dans une pompeuse et complète énumération :

« J.-M. Braun (compositeur), ancien lieutenant-colonel de l'arme des chasseurs à pied de l'ex-garde impériale, officier de la Légion d'honneur, maître honoraire de l'Académie philharmonique de Bologne, membre de la Société académique d'*Agriculture*, sciences et arts de Strasbourg et de la Société française de *Statistique universelle.* »

*
* *

« *Le Chant national*, composé par le fils d'un soldat de l'Empire, Bugnard — Georges-Joseph, — *professeur de cinquième* au collège de Bagnères. »

« Hyacinthe Girono (compositeur et parolier), élève du Conservatoire, *étudiant en droit*, membre de l'ancienne Société royale académique des sciences et de la Société des sciences *physiques, chimiques et industrielles.* »

*
* *

A propos d'une cantate à Pie IX, l'auteur de la musique, il maestro Ludovico Baccilieri, se vante d'être (nous traduisons) : « Membre de l'Académie philharmonique de Bologne (comme le précédent, M. Braun), auteur d'un drame musical *il Sesostri* et d'une méthode de solfège, pour voix de soprano et de ténor, dans tous les tons et temps de la musique. » Au bas de la page, on trouve cette note : « *Voire* la lettre papale. » Cette lettre émane, tout simplement, d'un employé de la Chancellerie, qui accuse réception de la cantate, par ordre du Saint-Père.

* * *

Les seuls noms de compositeurs qui émergent de cette foule d'inconnus sont ceux de Paër, Adolphe Adam, Panseron, Fessy, Choron, et enfin celui que nous appelions familièrement « le petit père » Elwart, qui fut, en 1848, le citoyen A. Elwart, auteur du *Te Deum républicain* et de *la Fête de la Concorde* (paroles et musique) ; qui écrivit plus tard *Vive l'Empereur*! (1856) et redevint républicain, en 1873, quand on lui donna la croix, qu'il avait, du reste, parfaitement méritée par ses longs services au Conservatoire, comme professeur d'harmonie.

La guerre de Grèce, sous la Restauration, le sacre de Charles X, les naissances du duc de Bordeaux et du comte de Paris ; celle du Prince impérial, les guerres d'Afrique, de Crimée et d'Italie ont été chantées tour à tour ;

mais c'est la Pologne et la famille impériale qui ont la supériorité, comme nombre.

Oh! la Pologne et les Polonais! c'est effrayant! dans tous les coins de la France, à Paris, à Bordeaux, à Rouen, à Bayonne, les rimeurs et les musiciens d'occasion excitent à l'envi leurs muses étiques à chanter les vertus de la Pologne et les exploits des Polonais. Nous allons citer deux de ces actualités... passées :

D'abord, *Dialogue sur la tombe du prince Poniatowski, entre l'ombre du prince et le passant,* paroles en deux langues (polonaise et française);

Ensuite *France et Pologne,* chant populaire dédié au Comité franco-polonais et aux fils de France, par l'un des vainqueurs de la Bastille, le plus jeune de la vieille garde nationale de 1789, paroles de M. de Calonne, lieutenant des voltigeurs de la deuxième légion, professeur au collège Henri IV. — Se vend au seul profit des héroïques Polonais.

*
* *

Quant à la guerre des Grecs, nous avons *la Bataille de Navarin*, — pour le piano-forte, avec accompagnement de violon et violoncelle (ad lib.).

L'armée d'Espagne est l'objet d'une *marche militaire*, avec accompagnement de... guitare. Pourquoi pas de castagnettes?

Le Chant du départ de l'armée française pour la Morée, solo, refrain à l'unisson ; — piano et... cor.

*
* *

Mais rien ne vaut, à notre avis, l'*Inspiration pour le piano, sur la prise d'Alger, avec des effets d'une harmonie imitative.* Nous allons tâcher de faire connaître les beautés typiques de cette sublime *inspiration.*

Introduction : « *Grave* conseil des généraux avant l'attaque »...

Triolets de *sol* battus : « ordres pour attaquer. »

Gamme ascendante en triples croches : « Fusée pour avertir l'amiral. »

C barré, allegro con fuoco : « Attaque par terre et par mer. »

Longue suite d'arpèges *piano* : « La 3e division tourne le fort. »

Diminuendo : « Ralentissement du feu de l'ennemi. »

Con spasimo : « Plaintes des blessés et des habitants qui demandent à capituler. »

Allegro accelerando : « Refus de la capitulation et renouvellement du feu. »

Diminuendo perdendosi : « Les Arabes se retirent... Ruines du fort qui saute. »

Fanfare : « Marche triomphale en entrant à Alger. Joie de l'armée. »

Reprise de la marche : « Les soldats se retirent dans leur logement. »

Diminuendo, Ritardendo, pp. « Repos des soldats, fanfare dans l'éloignement. »

Finale : « Prière de tous les Français... *Domine salvum...* »

Tout nous fait supposer que l'auteur de cette... inspiration a dû finir doucement ses jours dans une maison hospitalière.

*
* *

« L'hommage à Son Altesse Royale Madame la duchesse d'Angoulême est assez drôlement conçu ; c'est tout simplement le chœur de *la Caravane :* « La victoire est à nous, » avec des paroles dithyrambiques, et il est destiné à être chanté dans les salons. Seulement, l'arrangeur a eu l'idée splendide d'adjoindre à l'accompagnement de piano... une partie de trompette. Jugez de ce bruyant effet !

*
* *

La Revue nocturne, en l'honneur de la Grande Armée, est mieux encore : à l'accompagnement de piano, l'auteur a ajouté un tambour et une caisse roulante !

*
* *

Les notes explicatives ou préliminaires, qui développent souvent l'idée des auteurs, sont parfois assez plaisantes :

A l'Ame de Napoléon le Grand, musique de madame Laurence E. Leveaux, née de Gourbillon Diancourt.

« N. B. — Une souscription a été ouverte pour la publication de ce chant après de *flatteuses et vives instances* d'artistes et d'amateurs, qui ont été les premiers à souscrire. Elle a été, en outre, honorée du concours de *hautes notabilités nobiliaires, législatives, littéraires et artistiques*, sans *acception d'opinion.*

» Les listes sont closes par la publication de l'œuvre. »

Quel joli boniment!

Citons encore : *Marche de la Victoire de Magenta*, précédée d'une prière d'orphelins, dédiée aux libérateurs de l'Italie, les braves militaires des armées française et italienne, par madame C. Dupouy (amateur).

« Cette marche est vendue au profit des pauvres orphelins des Pyrénées (?), la partie la plus pauvre de France (pour créer un établissement), pour piano, orgue, violon ou flûte. Ce chœur peut se jouer sur le violon ou sur la flûte. »

*
* *

On dansait avec entrain, en l'honneur des combattants de Crimée et d'Italie : nous trouvons, entre autres, *la Piémontano*, polka *nationale* de Musard; *le Passage du Tessin*, polka militaire; *la Sébastopoline*, valse; *Sébastopol-Polka*, par Paul Henrion.

Un *Chant des Zouaves*, musique de Wroblewski, est tiré à 100,000 exemplaires.

Nous allions oublier un « hymne guerrier, religieux et patriotique », qui ne manque pas d'un joyeux pittoresque. Il est intitulé : L'ITALIE ET L'AUTRICHE *ou* OUI OU NON, et fut publié en 1848.

L'amusante lithographie imprimée sur la couverture représente le jeune empereur d'Autriche côte à côte avec le Pape, et derrière eux, le Christ qui les considère avec attendrissement; le tout est enguirlandé d'extraits de psaumes — politique et religion mêlées. — Au-dessous, deux drapeaux : français et italien. Sur le premier, la devise républicaine : *Liberté, Egalité, Fraternité*, et les emblèmes des vertus théologales : une croix, une ancre et un cœur;

avec accompagnement

de Piano, Triangle et Flageolet ou Petite Flûte

Paroles de Mr. Henry Ange Richelot

Musique par

VICTOR FLEURY.

Propriété de l'Éditeur. **Prix 4 F.** *Déposé à la Direction.*

à Paris.

Chez A. PETIT, éditeur à la Lyre moderne,

à la hampe, le bonnet phrygien et... les Évangiles. Sur le second drapeau : « Son Dieu, son droit, sa patrie, » et, à la hampe, la triple croix papale et... le triangle maçonnique!!!

Le tout est signé : J.-B. Tapio, au Champ de Mars, midi 21 mai, fête de la Concorde. »

Le bon M. Gagne aurait dû fraterniser avec le citoyen J.-B. Tapio.

*
* *

La mort tragique du duc d'Orléans et celle de la princesse Marie ont provoqué l'éclosion d'une foule de morceaux de musique, dont les paroles attendries n'atteignent pas, pour cela, un lyrisme de très bon aloi; mais, dans le nombre, il est une pièce que nous devons citer, à cause du nom inattendu de son auteur :

Aux Mânes du duc d'Orléans et de la princesse Marie — deux âmes au Ciel — élégie pour violoncelle, par... Jacques Offenbach.

*
* *

En laissant de côté nombre de morceaux

plus ou moins curieux, terminons par la note gaie. Elle n'abonde pas, il faut en convenir. Deux pièces : 1830. *Le Dey chantant*, complainte algérienne, avec accompagnement de piano, triangle ou *pincettes*, petite flûte ou flageolet, 1848. Notre dessin la reproduit fidèlement.

Un Aspirant socialiste, « paroles d'un Soc, musique d'un Démoc, chanté par Chaudesaigues » ; c'est une chanson satirique dans le genre des vaudevilles du temps : *la Foire aux idées ; la Propriété, c'est le vol*, etc.

*
* *

Pour résumer notre impression personnelle, nous dirons qu'après avoir feuilleté, en souriant, — nous l'avouons, — cet album rétrospectif, une pensée sérieuse nous est venue.

Nos devanciers n'étaient-ils pas plus heureux que nous, les sceptiques, les forts de la fin du siècle? Nous ne croyons plus à rien, et eux avaient une foi politique; ils s'intéressaient aux fluctuations des partis et aux destinées de la France. Et ces romances, quelque ridicules qu'elles nous paraissent maintenant.

reflétaient une impression du cœur, un sentiment, une espérance! Ne valaient-elles pas mieux que *l'Amant d'Amanda, la Famille Bidard, Po-Paul, Coco dans l'Tro, Tant mieux pour elle*, et la dernière de toutes, une actualité qui les dépasse en succès, c'est-à-dire en stupidité : *Y n'a pas d'parapluie ?*

Ces rengaines, absolument idiotes, ont été pourtant acclamées dans les cafés-concerts de toutes les catégories et même dans quelques salons !

Voilà bien de quoi chasser de nos lèvres le sourire de tout à l'heure.

FIN

TABLE

37386.— PARIS. — IMP. DE LA SOC. ANON. DE PUBL. PÉRIOD. — P. MOUILLOT.

3 7531 00719670 3
BIBLIOTHEQUE NATIONALE DE FRANCE

www.ingramcontent.com/pod-product-compliance
Ingram Content Group UK Ltd.
Pitfield, Milton Keynes, MK11 3LW, UK
UKHW020130220726
13923UKWH00001B/98

9 782019 496289